简介

现在，喜欢高尔夫运动的人越来越多，而且在全国的练习场中也有许多高尔夫球爱好者们正在努力地练习着。但是，很多人只一味地练习击球。另外，一大半的高尔夫球爱好者只执著于要好好地击球。一心想熟练掌握高尔夫而激励自己练习的心情可以理解，但是，在练习场上打出最高的击球，不应该是我们最终的目的。

练习场是为了打出好成绩而不断磨炼挥杆的地方。

但是有很多人，在练习场中不管击出多好的球，到球道上却反复地错误击球，水平很难提高。

打球并不是杂乱无章地打，是有一些方法和技巧的，需要轻松愉快地去练习，而后将其成果在球道上充分地展现。

那么从现在开始，鼓励自己，抱着明确的目的去练习吧。

在本书里，列举了不仅仅在高尔夫练习场，还有在家里、在办公室都可以很容易做到的练习方法，而且还有空抡或击球的姿势、身体姿态等练习，我们从中挑选出了有利于提高能力的练习菜单。

请立刻去尝试一下吧。

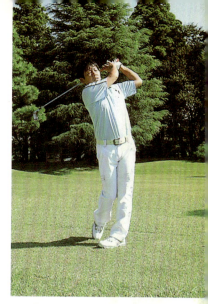

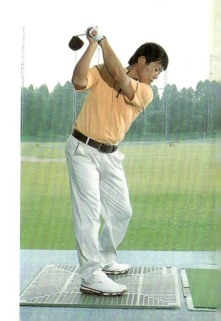

练习菜单
与目标

练习的目的和内容。

综合（基础）

练习场

日常生活

办公室

身体姿势

木杆

FW

铁杆

近距离击球

沙坑

击球

游戏

使用目的
的索引

选择想掌握的菜单时，请利用这一项查找。

照片或插图

用文字和照片来解说练习的方法。可对应理解。

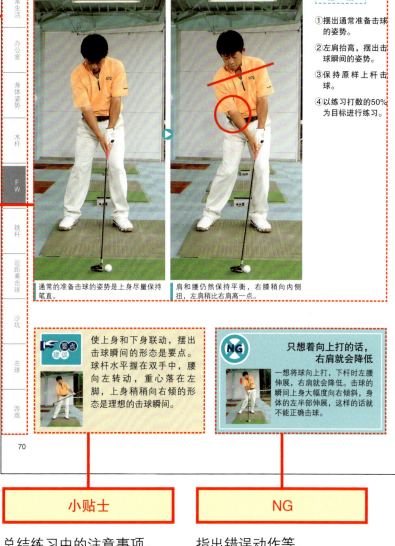

不同球杆的练习方法·球道木杆篇

初学者　中级者　高级者
飞行距离　方向性　稳定性
持续性　即效性

菜单
035

使飞行轨迹稳定

摆出准备击球的姿势后上杆

W效果　菜单-028

目标 此项练习的目的是防止捞球，稳定击球命中率。被称为"左侧线简便训练"的练习，职业选手们也经常这样练习。

做　法

①摆出通常准备击球的姿势。

②左肩抬高，摆出击球瞬间的姿势。

③保持原样上杆击球。

④以练习打数的50%为目标进行练习。

通常的准备击球的姿势是上身尽量保持笔直。

肩和腰仍然保持平衡，右膝稍向内侧扭，左肩稍比右肩高一点。

要点建议 使上身和下身联动，摆出击球瞬间的形态是要点。球杆水平握在双手中，腰向左转动，重心落在左脚，上身稍稍向右倾的形态是理想的击球瞬间。

NG 只想着向上打的话，右肩就会降低

一想将球向上打，下杆时左腰伸展，右肩就会降低。击球的瞬间上身大幅度向右倾斜，身体的左半部伸展，这样的话就不能正确击球。

70

小贴士

总结练习中的注意事项。

NG

指出错误动作等。

初学者	中级者	高级者
飞行距离	方向性	稳定性
持续性	即效性	
W效果	菜单-019	

综（基础）

练习场

日常生活

办公室

身体姿势

木杆

F W

铁杆

近距离击球

沙坑

击球

游戏

菜单 036

纠正击中地面
右腋夹住杆头套挥杆

目标 利用杆头套感受挥杆中正确的肩膀扭转的练习。挥杆自然变得紧凑，可以消除大幅度挥杆的毛病和击中地面的现象。

上杆自然变得紧凑。

击球瞬间球杆面容易还原回直角。

身体与手臂达到同步将杆挥出。

做 法

①右腋夹住杆头套挥杆。

②保持住，上杆击球。

③以练习打数的60%为目标进行练习。

要点建议 这项练习对上杆时右肘抬起过度，右手过度用力，右肩过度扭转的人很有效果。上杆时右肘的高度不变的话，下杆时右肩膀、右肘和右手就可以同步了。

开赛之前 让你少打五杆的复习要点

击球瞬间右腋不要打开

击中地面的人有两种，一种是为了能将球向上打出而降低右肩，在顶点也出现钩球。另一种击中地面的类型是右肩下降，锐角下杆的人。杆头从外面向下，击球瞬间打开右腋，杆面不要还原回直角。

水平极别、效果划分、W效果

● **上端：级别划分**
标识练习动作的水平级别，分为初学者，中级者，高级者。

● **中端：效果划分**
有下行距离、方向性、安定性、持续性、即效性5种。

● **下端：W效果**
介绍适宜共同练习的动作。

开场前减少杆数的复习要点

开场前或场中用于复习的课程。特别适合健忘的练习者。

71

Q&A 练习开始之前

练习的基本知识要记在大脑里

现在立刻就想去练习场进行练习。但是，到底需要注意哪些事情呢？

 初学者应该选用几号球杆来练习正确的挥杆方法？

A 便于初学者能够稳固地挥杆，这里推荐使用6～7号铁杆。

练习场的教练，有从沙坑杆开始教起的，也有为了能自由地摆动球杆而从最初的木杆击球开始教起的。

但是，6～7号铁杆的长度介于木杆与沙坑杆之间，对于初学者来说比较容易适应，容易掌握挥杆的基础。

 练习的时候，用哪个球杆开始打比较好？

A 掌握一定挥杆基础的人，练习时一般用沙坑杆等较短的球杆开始打比较好。击球练习前，做一些伸展和摆出打球姿势的热身运动，而后选用一支感觉最重的短铁杆，打出10～20个球来做热身。

肌肉与关节充分舒展开后，按照中铁杆，球道木杆，1号木杆的顺序换拿长球杆。练习时所用球杆可选择1根铁杆或球道木杆，

1根中铁杆，1～2根短铁杆，有这4～5根球杆已经足够了。

另外，根据打球人的个体差异，也有些人是从近距离击球的小幅度挥杆逐渐向高挥杆靠近。但是，如果你已经很久没有到练习场练习了，建议先用铁杆击出5～10个球，确认一下节奏。从瞬间击球到送杆，感受球杆与身体的拉伸，然后再换拿短球杆。

Q 选择什么样的练习场？

A 练习场有室内练习场和反复练击球的练习场。室内练习场大部分设在城市中的高楼大厦里，击球席位较少，距离也只有5码（4.5米）左右。虽然无法确认球的方向，但最新的视频系统，可以一边系统地剖析挥杆技巧，一边进行教学。对于初学者巩固挥杆姿态来说，这是一个很合适的场所。

室外练习场的规模也是各有不同，从50码（45米）左右的到超过200码（180米）大规模的都有。在100码（90米）以内的练习场练习，最好把重点放在检查身体活动和使球接近球穴上，不必太在意球的方向。如果附近有200码（180米）的练习场，1号木杆球的方向也可以得到保证，所以练习的项目也较多。但是，请注意不要一味地只想打出距离，或想打直线球而将球打死。

Q 1个月最理想的练习次数是几次？一次练习打多少球比较理想？

A 根据打整场的次数来定，假设以一个月打一个整场的频率，一周练习两次比较好。对于练习时间有限的上班族，虽然说在办公室内利用休息的时间，养成做挥杆动作的习惯，或者在自家庭院中作空抡练习等习惯对巩固挥杆姿势有一定的帮助，但是，为了能够持续地体会实际击球的感觉，还是定期到练习场练习比较好。

1次练习100～150个球比较理想。打得太少的话，击球的感觉很快就会忘掉，打得过多的话，身体的负担太大，反而适得其反。

Q 练习场的哪一带是最好的击球位置？另外，一层和二层哪个位置更好？

A 在练习场，要选择一个自己最容易摆姿势的、视觉上不会感觉到不适应的地方。基本上一层中央附近的位置被认为是比较妥当的。对于容易打捞球的高尔夫球员，为了放低摆姿势时的视野，选择二层击球员位置比较有效。练习场中，也有发射型的球员，这种场合也建议选择二层的击球员位置。

正式比赛用球与练习场的球不一样吗？

A 只有很少数的练习场使用正式比赛用球，大部分练习场使用的是硬度较软的练习场用球。与正式比赛用球相比，这种球的击球距离稍短，所以很多练习场的距离比实际距离短一些。

 练习场上需要注意什么？

A 练习场中，击球人员的位置基本上是平的，但是，也有地形稍微倾斜的情况。另外，垫子一旧，正中间会凹下去，在这个地方放上球就会下沉一些，就很难打出漂亮的球。所以，你要尽量找到平坦的、垫子也很干净的位置。但是，水平较高的人，也可以做从倾斜面击球的练习，将球放在垫子凹陷处，杆头削去草皮的痕迹处等球位较差的地方，这种练习对实战有很大的帮助。

最近，使用自动架球机的练习场渐渐增多。但是，每次利用架球机将球送出，砰砰地将球击出时，集中力就会松懈，也容易失去自己本来的挥杆节奏。专心地一个球一个球地练习击球吧。

Q **在练习场上无法进入状态时怎么办？**

A 想巩固挥杆姿势，击球想精益求精，你也许是带着这样的目的来到练习场。但是，有时因为身体状态不好，打多少次都无法领会击球的要领。以这种姿态打下去的话，恐怕会养成不好的习惯，所以要停止练习。要有停下来的勇气。

如果非要继续练习下去，可以使用短球杆充分地练习近距离击球，检查身体的基本活动后，用中铁杆或1号木杆练习击球。

正式打整场之前，进行预备练习时，第一个应该考虑的是检查挥杆的节奏。再次是检查自己能做到的事项，球打得漂亮与否并不重要。先从短球杆开始打，最后用1号木杆这种长球杆完成打球是最好的选择，但是，如果你对长球杆不拿手，还是应选用自己擅长的球杆，这样可以增强自己的信心。高尔夫球的球技水平不是一夜之间就可以急剧提升的，所以，球数不要打得太多。认真练习100球就足够了。比赛当日开始前的练习，是对之前练习的复习。可练习25～30球，练习的顺序和内容都与前面的练习相同。

不同的高尔夫球员，练习的目的也不尽相同。想推敲球的飞行方向和球的特性，还是想提高球的飞行距离? 或者想纠正身体错误的动作? 首先你应该弄清楚自己想要的练习项目，在此基础上去选择并组合一些适合的练习菜单，持续地去理解和消化。不能贪得太多，一次想全部掌握。在一次练习中，以掌握一项左右为目的是最适当的。

注：本书图片中使用的是靠近左端的击球员位置，这是因为摄影条件的关系，在实际运用时未必一定要使用靠近左端的位置。

Contents

不同球杆的练习方法/球道木杆篇   65

在家里也可以做的练习方法 143

在上班路上或办公室里也可以进行的练习 161

利用道具练习   177

拉伸与体能训练　　193

空抡　　209

在游戏的感觉下愉快地练习　　　　　　　　223

挥杆基础

练习开始之前，再一次将挥杆基础进行温习。
同时也不要忘记握杆的方法和击球准备动作等
姿势的确认。

握　杆

握柄是身体与球杆的唯一接触点。想要正确地操作球杆，掌握双手的平衡是很重要的。

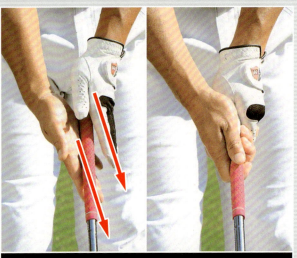

用双手手掌夹住握柄，再将其握住。左手手指与右手手指要指向同一方向握杆。

左手手指和右手手掌朝向同一方向

对于双手的握法，不同的高尔夫球员也存在着个人差别，左手的覆盖情况也因人而异，重要的是要感受到双手合为一手的感觉。左手手指与右手手掌朝向同一方向握杆。

重叠式握杆法

连锁式握杆法

右手小手指重叠在左手食指上的重叠式握杆法（左）和右手小手指与左手食指交扣的连锁式握杆法都是手指关节在一条直线上握杆。

左手的食指，右手的中指和无名指保持在一条直线上

握杆的方法分为重叠式握杆法和连锁式握杆法等，不同的人喜欢不同的方式。但是，无论是哪种握杆方式，左手的食指，右手的中指、无名指的关节完全保持一致的握杆是必须的。

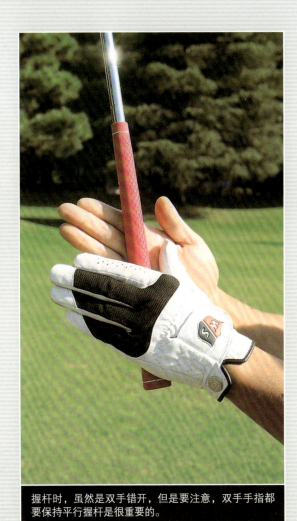

握杆时，虽然是双手错开，但是要注意，双手手指都要保持平行握杆是很重要的。

如果双手握杆松懈，手指的线就会变得不平行，也破坏了双手的一体感。

综合（基础）

练习场

日常生活

办公室

身体姿势

木杆

FW

铁杆

近距离击球

沙坑

击球

游戏

综合（基础）

练习场

日常生活

办公室

身体姿势

木杆

F W

铁杆

近距离击球

沙坑

击球

游戏

击球准备动作

击球准备动作是为了能流畅地挥动球杆的准备姿势。检查摆出姿势时的重心感觉和挥杆等是否有一个流畅的起动。

1 挺起上身，两脚叉开，垂直拿住球杆。

2 慢慢地放下球杆，在两腋夹紧处暂停。

3 保持原来的姿势，从股关节开始，使上身慢慢前倾。

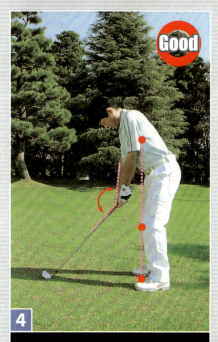

4 保持手臂的角度，加深前倾，两膝稍稍弯屈。腋下、膝盖所成的直线落在大拇指上。

重心均等地分配在两脚的大脚趾上，保持前倾姿势的平衡。

保持平衡的瞄球准备动作，需要做到：无论从前后左右什么方向过来挤推上身，都能保持下身稳定。坚持摆出正确姿势的程序，摆出腋下、膝盖、拇指保持在一条直线上的姿势。

如果以脚后跟为重心，挥杆过程中就会失去平衡。

击球前左腕要放松，这样才能朝目标方向顺利挥动球杆

切记左腕不可用力，也不可从上向下压制球杆。左手要放松，以便自然地感觉到球杆的重量。

手中所用的是铁杆。以这个姿势为基准，掌握正确的姿势。

头部位于双脚中心的上方

稍稍降低右肩

双手在左腿根部前面

1 左臂自然下垂，轻松握杆。

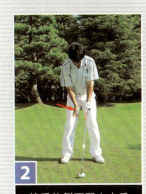

2 然后从侧面配上右手握杆。

两脚叉开，与肩同宽

球的位置在两脚叉开中心稍稍偏左处

综合（基础）

练习场

日常生活

办公室

身体姿势

木杆

FW

铁杆

近距离击球

沙坑

击球

游戏

综合（基础）

练习场

日常生活

办公室

身体姿势

木杆

FW

铁杆

近距离击球

沙坑

击球

游戏

挥 杆

挥杆分为6个部分，这里分别推荐几个检查要点给大家。以6个连动动作的理想挥杆为目标。

后摆杆

直到水平的位置为止，在上扬的位置检查杆面的朝向。

将球杆举起的动作叫做上杆，在这当中，把球杆举起来向后摆的动作是很重要的。手部不要用力，利用肩膀的转动来挥杆，将球杆举至与地面或和球的飞行线平行的位置叫作中途上杆。在此，感受球杆的重量很重要。

利用身体的扭转，左手臂与球杆一起抬起。

挥杆路径应与球的飞行方向平行，身体背部与杆面平行。

顶点的高度也因人而异，但是，左脚、左膝盖、左肩能够三点成一直线以及上身可以平稳地扭转是非常重要的事。

我是上杆顶点很高的那一型，球杆保持水平或者考虑再上升一个位置也可以。

上杆顶点

摆出左脚、左膝盖、左肩在一条直线上的姿势

球杆一通过中途下杆，球杆就感觉很轻松，所以注意，不要让节奏突然变快，不要像扛着球杆那样用手指尖向上抬。脸稍稍向右侧转的同时，扭转上身，以与起杆相同的速度挥至顶点。左肩好像从左腿慢慢疏远，扭转幅度变得更大一些。

两肘的高度均等为理想状态。两腋下的间隔也与击球准备动作相同。

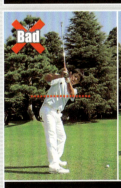

不要将右腋抬得很高（左），上身要抬起，右腋降低（右）。

下杆

▌反复瞄准时，腰部不要转动，要平行移动。

顶点是挥杆的折回点。从那一点开始启动下杆反击，但是，这个时候不能利用手臂的活动来使球杆下落。首先，腰先向目标方向平行移动，左膝盖还原到回击球准备时的位置，重心落在左脚后再将球杆向下打下去。

假设在双膝所成的线平行活动的状态，活动下身。

身体重心落在左脚后开始转动腰部，像拉拽球杆那样向下用力。

Good

启动下杆时，下腰不要向左移动，身体重心落在左脚。

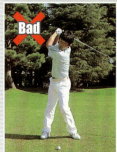

一旦利用上身的反作用向下打下去，就会造成过度挥杆（左），向右摇摆。

26

综合（基础）

练习场

日常生活

办公室

身体姿势

木杆

F W

铁杆

近距离击球

沙坑

击球

游戏

击球瞬间

面向目标，感受力量的传递。

为了提高球杆运动能量的效率，身体要向左侧移动，然后将球向目标方向笔直地打出。这就是理想的击球瞬间，你能感觉到挥动球杆的加速度。如果球杆打成锐角，或将球向上打起，会消耗体力。

"击球瞬间是击球准备姿势的再现"，为了使挥杆动作具有速度感和跳跃感，每次的动作都会有所不同。

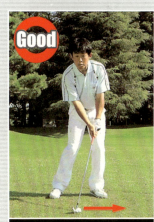

Good

假设将球向目标方向推，提高球杆的能力效率。

Bad Bad

球杆的力量不要一会儿向地面（左），一会儿向空中（右）。

综合（基础）

练习场

日常生活

办公室

身体姿势

木杆

FW

铁杆

近距离击球

沙坑

击球

游戏

送杆

向身体左侧挥出

击球后球杆加速前进，在惯性的作用下身体左侧会形成一个空间。但是，击球瞬间不能大幅度摆动，使左腋下空出很大空间。右手不要过分前伸，肩膀也要流畅地转动。

✗ **Bad**

下半身一旦停止，就会失去球杆拉开的空间，就变成死球了。

转动腰部的话，球杆会加速朝收杆的方向前进。

一边左手牢固地握住球杆，一边转动腰部，而后身体的左侧就会形成一个空间，将球杆向正确方向挥出。送杆将球杆的顶部向上。

收杆

左脚单脚站地，身体重心稳固地落在左脚。

收杆是挥杆的最终到达点。收杆时能否保持站立平衡，决定击球收杆时的结果。身体的重心几乎全落在左脚上，用右脚脚尖沾地，摆出胸和右膝盖、右脚面指向目标的姿势。收杆姿势稳定的话，挥杆也就稳定了。

收杆后，用右脚脚尖"嗵嗵"点地进行检查。

收杆时，完美的姿势是身体以左脚为支撑点，成一直线。

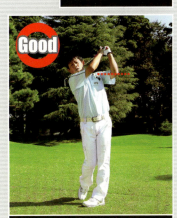

收杆时左肘与肩大约为相同的高度。不要比这个高度再低。

一旦上身弯屈或是挺直，那将会失去平衡。

综合（基础）

练习场

日常生活

办公室

身体姿势

木杆

FW

铁杆

近距离击球

沙坑

击球

游戏

短评栏①

在即将开始一轮前的练习中，比起眼中的喜悦，第一应考虑的是身体上感受到的喜悦

一轮结束后经常可以听到高尔夫球员们说："昨天的练习练得那么好，今天竟然打得这么糟" 或者"本来感觉1号木杆的感觉绝佳，最后竟然没中"等等的对话。当详谈时，我都会反问他们："前一天的练习好在哪里"，回答的几乎都是"不管怎样击球都不错"，"球都能直线飞出"。结局呢，仅仅靠眼睛来判断，过于高兴，却没有通过身体去感受。

因为到了比赛当天，身体状态不同，温度、湿度、风速等气象条件也会不同。所以，不管在哪，都不可能肯定地说当天挥杆能达到与练习同样的效果。有好多高尔夫球员在前一天的练习状态特别好，而非常期待能打出好成绩，然而因一次失误的击球就会导致溃败的实例也很多。在备战回合的练习中，获得比赛球道的信息，设想打一轮，或者将自己容易失误的症状，比如说肩膀转动一浅就容易打出曲球，力气一大收杆就会很费劲等的修正动作作为重点来练习的话，比赛当天这种感觉也比较容易留存，也会防止失误。

比赛当天早上，即使在开始前的练习中，也要有身体的活动意识，大体推测一下并确认弹道弯曲情况这样的检查就足够了。即使没有出现很好的命中，没有眼见的那种愉悦，能够好好地检查身体的活动和球的方向，也可以有个不错的整体成绩。相反，连续地打出直线球，看到这个感觉很愉悦，但是，一旦出现未经检查确认的情况，就会失去身体的愉悦感，那么比赛开始后就会变得很辛苦。

挥杆姿势的练习

想要一步一步扎实地提高，掌握基本挥杆是先决条件。使用6～7号铁杆来巩固挥杆姿势吧。

综合（基础）

练习场

日常生活

办公室

身体姿势

木杆

FW

铁杆

近距离击球

沙坑

击球

游戏

挥杆姿势的练习

初学者	中级者	高级者
飞行距离	方向性	稳定性
持续性	即效性

菜单 001

两脚站好击球

W效果　菜单-008

目标 作为挥杆轴的脊柱和颈部保持在一定位置，记住身体正确转动的练习法。这对于挥杆轴的确立是最起作用的。

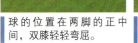

球的位置在两脚的正中间，双膝轻轻弯屈。

脊柱的位置不动，用力地转动左肩，到达极限。

一直到收杆，不要失去平衡。

做　法

①两脚站好，与通常的击球准备动作相同，身体前倾。

②慢慢扭动上身上杆。

③扭转身体挥杆，之后收杆。

④以练习打数的60%为目标进行练习。

要点建议 最初在低架球上打，之后打垫子上的球。两脚站好，感受上杆时重心落在右脚，下杆时重心落在左脚的感觉，身体流畅的转动非常重要。对于挥杆中上身晃动的人，要重点积累这方面的练习经验。

 NG

小顶点没有练习效果

击球过程中，上半身要充分扭动，且保持较大幅度。另外，挥杆中不要收腰，不要失去平衡。

初学者　中级者　高级者
飞行距离　方向性　稳定性
持续性　即效性

| W效果 | 菜单-046 |

综合(基础)

练习场

日常生活

办公室

身体姿势

木杆

F W

铁杆

近距离击球

沙坑

击球

游戏

菜单 002 轻挥杆击球

目标 轻挥杆的幅度为高挥杆的一半左右大。检查球杆面正确击中中心的感觉，目的是提高命中率。

站立时两脚叉开的幅度及球的位置与通常相同。

利用身体的转动，向后摆杆。

送杆的幅度与挥杆相同。

做 法

① 摆出通常准备击球的姿势。

② 上杆，两手停在比腰稍高的地方。

③ 送杆，两手在左腰的高度停住。

④ 以练习打数的60%为目标进行练习。

要点建议 准备击球时保持肩和臂成三角形。即使挥杆幅度较小，也要利用腹肌和背部的转动及身体主要部分的力量挥杆。双手保持在胸前，左手掌和右手掌不要朝上或朝下。握杆时两手的大拇指与食指朝上成V字形。

NG 挥杆中不要转动手臂

转动手臂，球杆面的中心就打不中。由于球杆向上的反作用一下杆手臂的角度就会改变，所以上去的速度与下来的速度要保持不变。

综合（基础）

练习场

日常生活

办公室

身体姿势

木杆

FW

铁杆

近距离击球

沙坑

击球

游戏

挥杆姿势的练习

初学者	中级者	高级者
飞行距离	方向性	稳定性
持续性	即效性	

菜单 **003**

分手握杆击球

W效果　　菜单-058

目标 双手分开握杆，击球练习。能轻松地感受到身体与手臂的一体感和杆头流畅的活动，对于飞行轨迹的稳定很有效果。

双手分开，双手的大拇指在握柄的正上方握杆。

上杆时，意识到身体转动与手臂挥动的一体感。

送杆时保持手臂、球杆在身体前方。

做 法

① 右手与左手分开5~6厘米的距离握杆，准备击球。

② 上杆到高挥杆四分之三左右的位置。

③ 在高挥杆四分之三左右的位置进行收杆。

④ 以练习打数的50%为目标进行练习。

要点建议 重点是用6号铁杆打出直线飞出100码（90米）左右距离。保持握柄后端朝向身体中心挥杆。淘汰赛的专业球员们在平时实践的万能练习法中，即使仅仅练习空抡也是有效果的。

NG

握柄的后端不要朝向身体的外侧

在上杆和下杆时要注意握柄后端的朝向不要离开身体的中心。身体与手臂的活动不同步，杆头就会偏离正确的轨迹。

菜单 004 交叉握杆击球

W效果　菜单-053

目标 双手交叉握杆练习击球。控制住挥杆中过度的手腕动作，以球能够直线飞出为目的。

双手的大拇指在握柄的正上方握住。

右肘自然重叠，球杆挥至正确位置。

以左手为主，进入收杆，流畅地甩出去。

做　法

① 双手交叉握住杆，与通常的姿势一样，准备击球。

② 双手抬至右肩左右的高度。

③ 双手抬至左肩左右高度时，收杆。

④ 以练习打数的50%为目标进行练习。

要点建议 为了防止一些多余的手腕动作，送杆时左手臂与球杆保持一条直线。这项练习对于那些以右肘为支点、想记住球杆向上的感觉和修正过度挥杆、想稳定顶点的人也很有效果。

送杆时左肘不能弯曲

送杆时左肘一会儿大大地弯曲，一会儿又拉下来，这样一来球就不能直线飞出。即使双手停在左胸左右的高度也没关系，那么就拉开左手臂开始击球吧。

综合（基础）

练习场

日常生活

办公室

身体姿势

木杆

FW

铁杆

近距离击球

沙坑

击球

游戏

挥杆姿势的练习

菜单 005 单脚打法的击球

目标 挥杆中记住身体重心转移的练习。上杆时重心在右脚，下杆启动时重心落在左脚。

使左脚稍稍抬起，重心完全落在右脚。

重心落在左脚之后开始下杆。

做法

① 摆出通常准备击球的姿势。

② 左脚一边稍稍抬起，一边上杆。

③ 直到收杆，充分挥杆。

④ 以练习打数的50%为目标进行练习。

要点建议 最初，上杆时左脚可以稍稍抬起，收杆时右脚向着目标方向竖起。上杆时重心落在右脚，身体流畅地转动，下杆之后重心落到左脚，身体可以完全回转。

上杆时重心不要落在左脚

上杆时一旦重心落在左脚，下杆时重心就会转移到右脚。这样叫作支点交替，但是这样会引起体力损耗和各种各样的失误。

初学者　中级者　高级者
飞行距离　方向性　稳定性
持续性　即效性

综合（基础）
练习场
日常生活
办公室
身体姿势
木杆
FW
铁杆
近距离击球
沙坑
击球
游戏

菜单 006

两边腋下夹住毛巾击球

W效果　菜单-003

目标 ▷ 有意识地收紧两边腋下，感受身体的转动与手臂的挥动。

即使是夹紧浴巾，也要注意两腋不要夹得过紧。

挥杆顶点与肩高差不多，最好不要超过肩。

收杆也是在肩高左右。

做法

①两腋夹住浴巾，摆出通常准备击球的姿势。

②夹紧毛巾，上杆。

③不要让毛巾掉落，收杆。

④以练习打数的50%为目标进行练习。

要点建议　夹紧两腋指的不是将两肘勒进身体内侧，而是朝下。挥杆中两肘的朝向也能保持不变的话，手臂与球杆不会从身体的正面脱离，能使球杆在一定的范围中挥动。

NG

挥杆中不要打开两腋

一旦在上杆中右腋打开或下挥杆时左腋打开，那么毛巾就会掉落。在实际的挥杆中也设想不要让毛巾掉落。

综合（基础）

练习场

日常生活

办公室

身体姿势

木杆

F W

铁杆

近距离击球

沙坑

击球

游戏

菜单 **007**

头保持在顶点的位置击球

初学者	中级者	高级者
飞行距离	方向性	稳定性
持续性	即效性	

W效果	菜单–019

 目标 头部比击球准备时先稍稍向右，上杆中流畅地转动肩，可以学习到提高能量效率的技巧。

最初的准备击球与通常的姿势相同。

上身稳定地扭转，手臂至挥杆顶点。

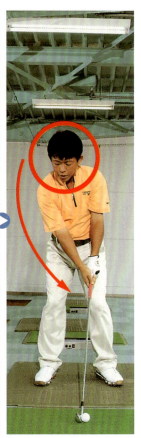

头部仍然保持在顶点，身体恢复到击球准备的姿势。

做 法

①摆出通常的准备击球姿势。

②手臂暂且上扬至顶点位置。

③头部仍然保持在顶点位置，球杆恢复到击球准备时的位置。

④再一次上杆击球。

⑤以练习打数的40%为目标进行练习。

 要点建议 从斜后方观察球，击球时头部保持不动，转动身体，腰与肩充分转动，重心充分落在右脚。下杆后，重心落至左脚，一口气加速送杆。

 上杆时

准备击球时，如果从上面看球，头就向左靠近，会造成上杆中头降低，重心落在左脚，转动就变得不那么流畅了。

初学者 | 中级者 | 高级者
飞行距离 | 方向性 | 稳定性
持续性 | 即效性

W效果　菜单-025

综合（基础）

练习场

日常生活

办公室

身体姿势

木杆

F W

铁杆

近距离击球

沙坑

击球

游戏

菜单
008

感觉身体扭转的节奏

目标 不击球，感觉挥杆中身体的转动练习。感觉"1，2，3"的节奏，能更加提升练习的效果。

两膝弯曲位置为"1"。　　　"2"时身体向右转。　　　"3"进入收杆。

做　法

①将球杆扛在肩上摆出前倾的姿势。

②两膝轻轻弯屈，降低身体。

③球杆尽量保持水平，肩膀扭转90度。

④肩膀从顶点位置转动180度，收杆。

⑤反复练习20次。

要点建议 手臂不要有节奏。要点是身体的主要部分感受节奏感。为此，以身体的转动为主要着眼点进行练习。"1"时做启动准备，"2"时进入顶点，"3"时收杆甩出，手握球杆时也要感受身体的节奏。

NG

球杆不要倾斜

肩膀上的球杆一倾斜，前倾的姿势就会改变，就会破坏下半身的稳固感。球杆尽量保持水平，转动身体感受两腿的伸展。

综合（基础）

练习场

日常生活

办公室

身体姿势

木杆

F W

铁杆

近距离击球

沙坑

击球

游戏

挥杆姿势的练习

初学者	中级者	高级者
飞行距离	方向性	稳定性
持续性	即效性	

W效果	菜单－001

菜单 009 两脚脚掌踩地

目标 对于那些因挥杆时下半身活动过度，而不能正确击球的人很有效果的练习。使下半身稳固，手臂的挥动也会变得流畅。

稳固两脚，瞬间击球。

击球之后右脚跟尽量不要抬起。

做法

① 摆出通常准备击球的姿势。

② 上杆时，下半身尽量不要动。

③ 用力地挥杆击球。

④ 收杆时也不要将右脚跟抬起。

⑤ 以练习打数的60%为目标进行练习。

要点建议 控制住脚法，保持下半身的稳固，手臂的摆动变得清晰。瞬间击球后右脚跟也尽量不要抬起，转动身体，一边甩开球杆，一边轻轻抬起，摆出原来收杆完成时的形态。

收杆时，重心不要落在右脚跟

两脚保持在原来的位置挥杆，但是收杆时，不能将重心落在右脚跟。因为身体如果后倾，就不能平稳站立。

初学者	中级者	高级者
飞行距离	方向性	稳定性
持续性	即效性	

综合（基础）

练习场

菜单 **010**

在顶点感觉身体伸展后击球

W效果	菜单-023

目标 击球之前，在顶点做一次感觉身体伸展的练习。防止匆忙和过度击球，提高挥杆的再现性。

击球前确认一次顶点的姿势。

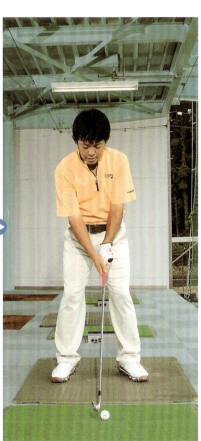

确认身体在顶点处的伸展感后，摆姿势时就可以想象出击出好球后的景象。

做法

① 摆出通常准备击球的姿势。

② 做一次上扬至顶点的动作，感觉身体的伸展。

③ 恢复至通常准备击球的姿势。

④ 以练习打数的40%为目标进行练习。

办公室

身体姿势

木杆

FW

铁杆

近距离击球

沙坑

击球

游戏

**要点
建议**

击球前将球杆上扬至顶点位置，也是上杆与下杆启动的演练，有肩和手臂适当放松的效果。在实际的击球中也可以再现正确的下杆动作，瞬间击球的时机也会变得很适宜。

匆忙击球是
失误的根源

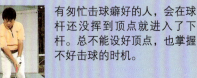

有匆忙击球癖好的人，会在球杆还没挥到顶点就进入了下杆。总不能设好顶点，也掌握不好击球的时机。

不同球杆的练习方法

磨炼高尔夫球技的场所，多以城市的练习场为中心。在这个章节，介绍不同球杆的练习菜单。请选择出对应自己目的的练习方法。

1号木杆篇

球道木杆篇

铁杆篇

近距离击球篇

沙坑球篇

推杆篇

不同球杆的练习方法
1号木杆篇

14根球杆中最让高尔夫球员入迷的就是1号木杆。另一面，也是最让人头痛的球杆。这里，介绍一个彻底解决高尔夫球员烦恼的练习方法。

综合（基础）

练习场

日常生活

办公室

身体姿势

木杆

FW

铁杆

近距离击球

沙坑

击球

游戏

1号木杆击球
注意这里！

1号木杆是架球击球，在挥杆过程中身体的活动与中铁杆是相同的。但是，了解球杆的特性是很重要的。

左脚的位置是决定正确击球的关键。

摆姿势时，注意身体与球之间的间隔。保持前倾适当角度，右手握好球杆，球杆定在自然的角度，之后，以左脚、右脚的顺序决定所站位置。无论任何人，左脚都一定不要动，对应要击球的方向调整右脚的位置。

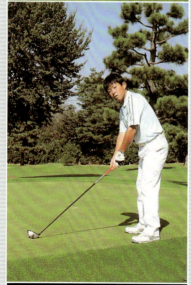

右手臂自然下垂，球杆落在自然着落点的位置，双手握杆，摆出姿势。

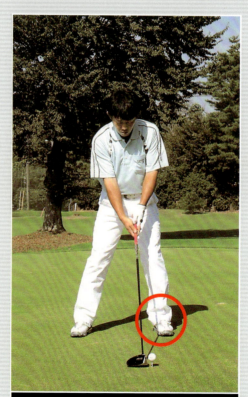

球的位置在脚后跟前面。左足的位置无论什么时间都不要改变。

在杆头速度最快时，左脚要牢固地踏地。

用身体阻止球杆的加速度。

1号木杆是14根球杆中最长的，挥杆过程中有很大的离心力。换句话说，它是有提高速度的性质的球杆。使用铁杆的情况下，因为球杆的速度不像1号木杆那样，所以充分活动身体是必要的。但是，在1号木杆的情况下，身体是被动的，球杆的运动能量靠身体来支撑的意识是非常重要的，所以球杆为"主"，身体为"辅"。

一旦只是身体活动，那么就会造成挥杆迟缓。

综合（基础）

练习场

日常生活

办公室

身体姿势

木杆

FW

铁杆

近距离击球

沙坑

击球

游戏

菜单 **011**

纠正右曲球①
封闭杆面与封闭站姿

目标 矫正瞬间击球时因打开杆面而产生的右曲球的练习。封闭杆与封闭站姿的结合能够减轻弯曲。

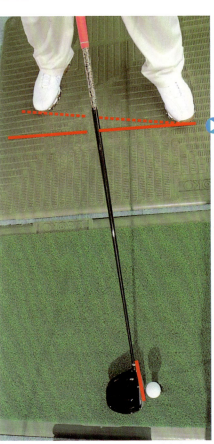

平行站姿的状态右脚向后拉出，盖住杆面15～30度。

根据封闭站姿深扭上身。

了解到弯曲的减轻。

做 法

①摆出通常准备击球的姿势。

②右脚向后拉开半脚的距离，形成封闭站姿。

③稍稍盖住球杆面。

④击球。

⑤以练习打数的60%进行练习。

 要点建议 站姿的直线朝向目标的右侧，肩或腰的线垂直。因为封闭站姿与封闭杆的结合是想打出左曲球的手段，所以能提高纠正右曲球的效果。瞬间击球时球被牢牢掌握，也有提高飞行距离的效果。

 太早拉开身体就会发生右曲球

一旦摆出开放式站位姿势，肩和腰朝向目标的左侧，那么就会造成上杆时上身的扭转不足，下杆时身体的左半身提前打开造成右曲球。即使身体的朝向平直，但因为打开杆面就会造成右曲球，所以摆出杆面稍朝向目标左侧的姿势。

综合（基础）

练习场

日常生活

办公室

身体姿势

木杆

FW

铁杆

近距离击球

沙坑

击球

游戏

初学者	中级者	高级者
飞行距离	方向性	稳定性
持续性	即效性	

W效果	菜单-052

菜单 012

纠正右曲球②
选择左端的击球员位置击球

目标 ▶ 根据摆姿势的场所，利用视野纠正挥杆轨迹的练习。纠正从外向内的挥杆轨迹，也有稳定球的方向的效果。

身体可以配合垫子的方向，但是视野一定要广阔。

做 法

① 选择练习场靠左边的击球员位置。

② 面向视野较广阔的方向，准备击球。

③ 注意避开从外向内的挥杆轨迹进行击球。

④ 至少在相同场所练习30球。

要点建议 一旦在离击员球位置很近的左侧看到网，那么就会自然地变成了向外挥杆的轨迹。这与路道靠近左侧的位置上架球、瞄准球道的右侧位置相同，对矫正右曲路也能起到一定作用，但是，对于经常打出左曲球的人，就会变成使球的方向稳定的练习。

NG **不要放下左肘**

即使在靠左边的击球位置，一旦从击球瞬间到送杆拉下左肘，就会变成从外向内的削球。所以，球杆要向目标的右侧畅快地挥出。

右侧栏目：综合（基础）／练习场／日常生活／办公室／身体姿势／木杆／FW／铁杆／近距离击球／沙坑／击球／游戏

菜单 013	纠正右曲球③
	用左脚后跟踩住球

目标 利用高尔夫球来纠正身体动作，防止右曲球的练习。控制住身体，避免过早打开，具有立竿见影的效果。

左脚后跟踩住球，
重心落在左脚尖。

做　法

①将球放在左脚后跟下面，摆出通常准备击球的姿势。

②上杆击球。

③拉开直到收杆。

④以练习打数的50%为目标进行练习。

重心落在左脚尖，下杆。

用左腿牢固踏地后牢牢地拽住球。

 要点建议 这个练习与封闭站姿击球有同样的效果。重心放在左脚的脚尖，下杆时腰就不会过早打开，以身体的正面来迎合瞬间击球。保持左膝姿势的位置，感受左腿的伸展，甩开，直到收杆。

 NG　**重心不要落在左脚后跟**

 下杆时，一旦重心落在左脚后跟，那么，就会拉下腰，左脚尖就会向目标那侧转动。这样的话，上身就会抬起，左脚的力量就会损失，就会发生右曲球。

初学者　中级者　高级者

飞行距离　方向性　稳定性

持续性　即效性

W效果　　菜单-010

综合（基础）

练习场

日常生活

办公室

身体姿势

木杆

FW

铁杆

近距离击球

沙坑

击球

游戏

菜单 014

纠正右曲球④
打开右脚尖

目标 此练习意在纠正那些飞出时偏左，中途突然向右侧飞出的右曲球。此练习对稳定球的飞行路线有一定效果。

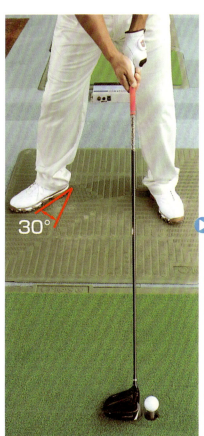

以脚后跟为支点，
右脚尖打开30度。

打开右脚尖之后，
上身的扭转幅度更大。

做 法

① 摆出通常准备击球的姿势。

② 打开右脚尖。

③ 上杆时上身用力地扭转。

④ 以练习打数的50%为目标进行练习。

 要点建议　左曲球和右曲球是因为上杆时身体的旋转过少造成的，所以打开右脚尖，加大身体旋转幅度，这是最好的矫正办法。开始正式比赛之前的练习中，总出现左曲球右曲球的时候，也可以摆出打开右脚尖的姿势，反复地空抢，也会有效果。

 扭转不足，右肩就会下陷

上杆时身体的旋转不足，下杆时身体就会偏向球那一边。球杆从外侧下降，打开杆面击中球身。

49

初学者　中级者　高级者
飞行距离　方向性　稳定性
持续性　即效性

菜单
015

纠正右曲球⑤
左脚尖向前

W效果　　菜单–059

目标 ▷ 该练习针对的是击出时径直朝向目标方向，但是稍稍靠右，然后突然向右弯曲的右曲球。中上级的球员也会出现这种错误，所以也经常练习吧。

以后脚跟为支点，左脚尖径直放好。

左脚尖仍然保持朝向正面挥杆。

做 法

①摆出通常准备击球的姿势。

②左脚尖向前。

③下杆时左脚尖的方向不变，击球。

④以练习打数的50%为目标进行练习。

 要点建议
摆好左脚尖向前的姿势后，从下杆到送杆，身体的重心落在左脚，收杆时左脚支撑上身。左膝仍然保持朝向正面，如果左腿使劲站住拉开（甩开）的话，会使瞬间击球缓慢，杆面也变得不能拉开。

 左脚尖不要打开过早

造成右曲球的原因是下杆时左脚尖打开，重心不能完全落在左脚上。为此，杆头要从身体内侧降低，打开杆面。

综合（基础）

练习场

日常生活

办公室

身体姿势

木杆

FW

铁杆

近距离击球

沙坑

击球

游戏

初学者 中级者 **高级者**

飞行距离 方向性 稳定性

持续性 即效性

综合（基础）

练习场

日常生活

办公室

身体姿势

木杆

FW

铁杆

近距离击球

沙坑

击球

游戏

菜单 016

纠正捞球

用两脚脚尖点地

W效果　　菜单–056

目标 这是个练习可以纠正从目标左方向飞出的捞球。为了改变击球准备的前倾姿势，消除从外向内的挥杆习惯。

┌ **做　法** ┐

① 摆出通常准备击球的姿势。

② 两脚的脚后跟轻轻抬起。

③ 慢慢地上杆，击球。

④ 以练习打数的50%为目标进行练习。

两脚脚后跟抬起，重心落在脚尖。

脚尖点地身体就会前倾，挥杆也会稳定。

要点建议 一心想使球飞出，用力挥杆，就会失去平衡。用两脚尖支撑身体，球杆就不会像自己想的那样挥动。为保持击球准备时的前倾姿势，就要抑制过度的脚部动作，还可以使肩膀和手臂适当放松。这是防止曲线击球的要点。

重心落在后脚跟造成弯腰

发生捞球是因为挥杆时体重放在后脚跟上。瞬间击球时，弯腰上身抬起，造成向左方向拉紧球杆击球，球向左侧飞出。

综合（基础）

练习场

日常生活

办公室

身体姿势

木杆

FW

铁杆

近距离击球

沙坑

击球

游戏

不同球杆的练习方法·1号木杆篇

W效果	菜单-060

菜单 017

纠正左曲球①
用左脚尖踩住球

目标 用于纠正球向目标的右侧飞出，途中开始向左弯曲的左曲球。对容易打出左曲球的的球员来说，要调整好球的方向。

左脚尖踩住球后，
身体重量落在后脚跟。

下杆时腰容易向左转动，
可以减轻左曲球。

做　法

①左脚尖踩住球准备击球。

②有意识地转动腰部，挥杆击球。

③以练习打数的50%进行练习。

不同球杆的练习方法·1号木杆篇

W效果	菜单-006

菜单 018

纠正左曲球②
选择右端的击球员位置

目标 利用练习场的击球员位置的视野，矫正左曲球的练习。纠正向外挥杆过度的习惯，稳定球的方向。

选择视野广阔的位置。向内挥杆，修正造成左曲球的向外挥杆轨迹。

做　法

①选择练习场靠近右端的击球员位置。

②可以沿着垫子的朝向摆姿势，但要选一个视野宽阔的方向。

③击球。

④至少在同一个练习场，练习30球。

要点建议 发生左曲球是因为瞬间击球时停止下半身，两手突然还原。比赛时也要回想用左脚尖踩住球的练习，腰部用力转动以防止左曲球。容易打右曲球的人，可以选择练习场的最右端，然后在发球台的最右端架球，以球道左侧为目标进行实战练习。

初学者	中级者	高级者
飞行距离	方向性	稳定性
持续性	即效性	

W效果　菜单–062

菜单 019 纠正突然曲球
练习瞬间击球后再击球

目标 突然曲球是指球向目标方向的偏左侧飞出，然后继续向左弯曲的球。在中高级球员中，这种情况很多见。这个练习可以纠正这种错误。

上扬球杆至顶点，再慢慢下落，做出瞬间击球动作。

明确正确的击球瞬间感觉，防止突然曲球。

做 法

① 摆出通常准备击球的姿势。

② 上扬球杆至顶点。

③ 慢慢放下，做出瞬间击球的姿势。

④ 还原到原来准备击球的动作，击球。

⑤ 以练习打数的50%为目标进行练习。

要点建议 经常发生突然曲球的人大多利用进入上杆和扬起球杆后的反作用，导致下杆时球杆有下挥杆的倾向。这样的人应反复做瞬间击球练习来消除它。即使在下杆中途位置停一次，也会有效果。

NG 上身一抬起，手就会用力过度

有经验的球员在击球时上身会抬起，导致下杆时两手用力过度。于是，杆面会迅速封闭。

综合（基础）　练习场　日常生活　办公室　身体姿势　木杆　FW　铁杆　近距离击球　沙坑　击球　游戏

菜单 **020**

纠正滑雪球①
使用LL的橡皮发球台

目标 滑雪球是指为了打到球的下侧，导致高高飞起，而明显损失了飞行距离的错误。把球架高，可以修正杆头的入射角。

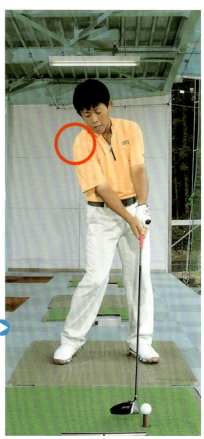

右肩保持顶点时的位置，下杆，瞬间击球。

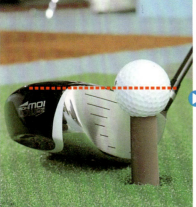

保持球杆杆头与球的中线在同一水平面上。

做　法

① 使用LL等高发球台。

② 摆出通常准备击球的姿势。

③ 注意右肩不要前插，击球。

④ 以练习打数的60%为目标进行练习。

要点建议 下杆的轨迹为钝角，向上打球，留意击球准备的视线。面向目标时，视线过低，重心就会落在左脚上，所以视线要高，设想打出高球来挥杆。低的发球台会出现反效果。

NG **只想着将球打出去，就容易在击球时憋气**

如果击球时憋气，下杆轨迹就会变成锐角，就会发生滑雪球，所以要注意放松。

综合（基础）

练习场

日常生活

办公室

身体姿势

木杆

FW

铁杆

近距离击球

沙坑

击球

游戏

初学者	中级者	高级者
飞行距离	方向性	稳定性
持续性	即效性

| 综合（基础） |
| 练习场 |

W效果　　菜单-016

菜单 021

纠正拖球

矫正身体的上挺

目标　纠正瞬间击球时上身上挺的练习。使用两根不同长度的铁杆，掌握保持前倾姿势的感觉。

仅在右手挥至右肩左右的高度，上杆。

左手臂尽量伸展，摆出姿势是要点。

即使没有打出距离也没关系，主要是要专心感受正确的击球瞬间。

· 做 法 ·

① 用左手扶住4～5号铁杆长度的球杆。

② 右手拿住8～9号铁杆等短球杆，准备好。

③ 仅在右手挥到右肩左右的高度上杆，击球。

④ 以练习打数的60%为目标进行练习。

　要点建议

即使是使用1号木杆击球很有自信的人，也经常会有突然的拖球发生。这个大多是因为第一杆和OB（界外）有球等而过度紧张引起的。如果感觉到压力，就用心去保持前倾角度。

NG

杆头向上导致拖球

紧张时容易发生杆头向上，击球瞬间前如果脸一朝向目标，左肩就会抬起，上身就会变得比击球准备时高。

| 日常生活 |
| 办公室 |
| 身体姿势 |
| 木杆 |
| FW |
| 铁杆 |
| 近距离击球 |
| 沙坑 |
| 击球 |
| 游戏 |

左侧栏：综合（基础） 练习场 日常生活 办公室 身体姿势 木杆 FW 铁杆 近距离击球 沙坑 击球 游戏

菜单	纠正摇摆
022	**右脚尖向前**

初学者　中级者　**高级者**

飞行距离　方向性　稳定性

持续性　即效性

W效果	菜单-042

目标 上杆时右膝盖和腰部倾向右侧，失去力量的失误称作摇摆。要纠正这个错误，击球时下半身要保持稳定。

摆出准备击球的姿势后，以脚后跟为支点，右脚的脚尖径直向前站好。

上杆时右膝盖不动，然后击球。

做法

① 摆出通常准备击球的姿势。

② 右脚尖径直朝向前方。

③ 开始挥杆击球。

④ 以练习打数的70%为目标进行练习。

 要点建议 上杆时，重心几乎都在右脚上，充分扭动上身是非常重要的。因此，从上杆到顶点，右脚站稳很重要。右脚尖朝前，右膝盖仍然保持朝向前面，这样上杆时右腿就会比较稳定。

 NG **腰部不要倾向右侧**

上杆时右膝盖的摇摆是因为腰部倾向右侧。在顶点降低左肩，多半重心落在左脚，就会变成过度挥杆，就会引发各种各样的错误。

初学者	中级者	高级者
飞行距离	方向性	稳定性
持续性	即效性	

W效果	菜单-010

菜单 023 纠正过度挥杆
在挥杆顶点停顿后再击球

目标 身体过于放松而引起的过度挥杆会使挥杆的轨迹发生很大的歪斜，这时可以设定挥杆的折回点，检查姿势后再击球。

准备击球时两肘的间隔不要改变，直到到达顶点。

上杆时假设以右膝盖为支点，向后摆杆。

做 法

① 摆出通常准备击球的姿势。

② 在顶点停留3秒钟。

③ 击球。

④ 以练习打数的60%为目标进行练习。

初学者	中级者	高级者
飞行距离	方向性	稳定性
持续性	即效性	

W效果	菜单-001

菜单 024 纠正突然击球
球杆触到肩后下杆

目标 这个练习对于从顶点直接进入下杆反击，没有停顿间隙、击球过急的人可以发挥效果。感受球杆落在正确轨迹上的感觉。

挥至顶点后，憋一口气。

球杆碰到肩，用下半身的动作开始下杆。

做 法

① 摆出准备击球的姿势，上扬至顶点。

② 球杆放低在正下方，球杆的长柄碰触到肩膀后开始下杆。

③ 保持原样击球。

④ 以练习打数的50%为目标进行练习。

要点建议 反复练习在顶点处静止和球杆碰触到肩膀后向下挥杆，那么就会掌握利用下半身的动作来挥杆。顶点稳定的话，下杆时就应该可以体会到球杆落在正确的轨迹上。挥杆顶点时没有停顿间隙，就会用手向下挥杆，就无法确定下杆的轨迹。

综合（基础）
练习场
日常生活
办公室
身体姿势
木杆
FW
铁杆
近距离击球
沙坑
击球
游戏

综合（基础）
练习场
日常生活
办公室
身体姿势
木杆
F W
铁杆
近距离击球
沙坑
击球
游戏

不同球杆的练习方法·1号木杆篇

初学者	中级者	高级者
飞行距离	方向性	稳定性
持续性	即效性	

W效果　菜单-008

菜单 025　纠正重心在右脚
收杆时右脚咚咚敲地

目标 用于纠正收杆时身体重心在右脚的"收杆"练习。这个练习既可以让你感受到收杆时重心完全落在左脚的感觉，也可以增加球的飞行距离。

收杆时，身体的重心几乎全落在左脚上。

送杆后用右脚尖多次咚咚敲地面。

做　法

① 摆出通常击球准备的动作，击球。

② 直到送杆，右脚数次抬起。

③ 以练习打数的70%为目标进行练习。

不同球杆的练习方法·1号木杆篇

初学者	中级者	高级者
飞行距离	方向性	稳定性
持续性	即效性	

W效果　菜单-007

菜单 026　纠正肩膀扭转不足
用杆头的后方滚动球

目标 对于上杆时肩部容易回转不足的人很有效。后摆杆启动时让杆头后面的球滚动，掌握利用身体上杆。

在飞行方向的后方放置一个球。

用杆头径直推，后摆杆。

以肩膀为主导，可以清楚感受上杆的感觉。

做　法

① 杆头后方再摆一个球，摆出准备击球的姿势。

② 用球杆推后面的球，后摆杆击球。

③ 以练习打数的50%为目标进行练习。

要点建议 如果用手部力量将球杆向上，下杆时就会过度屈腕挥杆，那么在顶点身体的扭转就会不足，瞬间击球就会变成用手击球。不要过度依赖手部的活动，让左肩和左腕成为一体，利用腹肌和背肌等躯干的扭转使球杆活动。在球场上也要假设推动后面的球，后摆杆，充分转动肩膀。

初学者　中级者　高级者
飞行距离　方向性　稳定性
持续性　即效性

W效果　　菜单-055

菜单 027　球道控球率的提高①
一球一球地实行常规动作

目标 确定击球准备姿态次序的练习。有节奏地执行常规动作，那么挥杆的节奏也会变得很顺畅，提高好球率。

观察飞行方向。

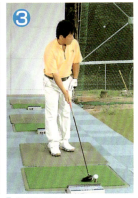

使杆面平直。

做　法

①站在球的后方，决定目标。

②摆出准备击球的姿势时，球杆面与高球线合成一个直角。

③决定好所站的位置，准备击球，完成。

④以练习打数的60%为目标进行练习。

一边想象球的飞行距离，一边靠近球。

以左脚，右脚的顺序，决定所站位置。

要点 建议 最近，专业球员们先从球的后方看目标，然后决定双手的握杆方式。两膝盖弯曲，双手在胸前握好，设置好球杆面之后，可以节省调整握杆的时间，也容易保持球与身体的适度间隔。

开赛之前 让你少打五杆的复习要点

必须要假设一条径直的线再击球

球场与练习场不同，标注方向的线等什么都没有。在这里，最重要的是明确一条球的飞行路径。想象练习场的垫子，也是准备击球的好方法。积极利用发球区内修剪草坪的线和长方形的发球区标记等。

综合（基础）

练习场

日常生活

办公室

身体姿势

木杆

FW

铁杆

近距离击球

沙坑

击球

游戏

初学者	中级者	高级者
飞行距离	方向性	稳定性
持续性	即效性	

| W效果 | 菜单-052 |

菜单
028

球道控球率的提高②
短握球杆击球

目标 握杆较长的话，挥杆就会不稳定，瞄准就会左右摇晃。这个倾向很强的人，请短持杆练习，可以提高命中率。

握住握柄的正中间，准备击球。

左手臂和球杆形成一条线。

做 法

①比通常的握杆短一些握。

②短握杆的部分靠近球立起。

③击球。

④以练习打数的60%为目标进行练习。

要点建议 短握球杆，挥杆节奏就可以变得很紧密，可以防止大幅度的挥动。但是，即使是短握杆，上杆时身体也要充分扭转，直到收杆也要充分回转。掌握击中杆芯的感觉后，一点一点地长握杆，接近通常的准备击球。

NG 不能撞到球

想打出直线球，一旦撞到球，就变成用手打球。击球瞬间时手先活动，或许就不会命中返回的球杆面的芯。

初学者	中级者	高级者
飞行距离	方向性	稳定性
持续性	即效性	

菜单 029

稳定杆头速度
交替使用1号木杆与中铁杆击球

W效果　菜单-041

目标 1号木杆与铁杆尽量都采用同样的挥杆方式，这是最理想的。在每次击球时改变握杆的方式，对应球杆，稳定杆头的速度。

因为1号木杆有很强的离心力，所以收杆的回转量较大。

使用中铁杆时，也要充分地高挥杆。

做法

① 用1号木杆高挥杆击球。

② 用6~7号铁杆高挥杆击球。

③ 交替使用1号木杆，重复①②。

④ 以练习打数的60%为目标进行练习。

要点建议 1号木杆与铁杆使用同样的挥杆方式是非常重要的。
即使球杆不同，身体的运动量和基本的东西是一样的。即使这样，因为长球杆会产生很强的离心力，所以球杆的运动量会不同，每一种杆头的速度也会改变。

开赛之前 让你少打五杆的复习要点

无论用什么样的球杆，都要与身体的活动保持一致

快速挥动1号木杆想使球飞出，使用铁杆想慢慢地挥动很好地击中球，都是不正确的。用1号木杆击球时以铁杆的感觉有节奏地挥杆，铁杆瞄准击球时像用1号木杆那样充分转动身体，用心去完成以上动作。

综合（基础）
练习场
日常生活
办公室
身体姿势
木杆
FW
铁杆
近距离击球
沙坑
击球
游戏

初学者　中级者　高级者
飞行距离　方向性　稳定性
持续性　即效性

菜单 030

提高飞行距离①
球杆在水平位置上屈腕挥杆后击球

W效果　菜单-024

目标 ▷ 上杆时省略手臂屈腕挥杆的动作，用身体感受充分扭转身体的感觉，然后在送杆时很自然就会使用手腕了。

在水平位置准备好，屈腕挥杆也就完成了。

摆出击球准备的姿势，以握柄尾端为支点将球杆抬至水平位置。

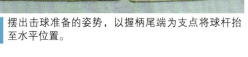

仅扭转上身，后摆杆直到球杆到达顶点。

做法

① 从通常的准备击球开始，球杆水平向上。

② 在这个位置准备好，上杆。

③ 击球。

④ 以练习打数的50%为目标进行练习。

 要点建议　从感觉球杆最重的位置上杆，利用球杆的重量，掌握转动身体的感觉。另外，在屈腕挥杆状态下击球的话，即使是送杆，腕部也能运用自如。提高杆头的速度。

 NG

不屈腕挥杆球不会飞出

 上杆时过度使用屈腕挥杆就会变成用手击球，但是，不屈腕挥杆，抬起球杆会有反效果。手臂会很僵硬，肩膀也不能流畅地回转。

不同球杆的练习法·1号木杆篇

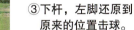

初学者	中级者	高级者
飞行距离	方向性	稳定性
持续性	即效性	

| W效果 | 菜单-005 |

菜单 031

提高飞行距离②
大步跨开左腿击球

目标 下杆时左脚牢固地踩地，从瞬间击球到送杆，身体可以感觉到杆头的加速感。

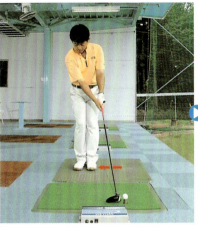

不改变杆头的位置，左脚向右脚靠近。

重心有意识地放在右脚，上杆。

左脚踏地启动下杆。

杆头加速，直到收杆。

做 法

①摆出通常击球的准备姿势。

②调整左脚，向右脚靠近。

③下杆，左脚还原到原来的位置击球。

④以练习打数的60%为目标进行练习。

要点建议 想打出较远的飞行距离，需要将身体的移动所产生的能量有效地传送到球。
不要过度使用上身，送杆时上身与下身的回转差变得最大，要有效利用下半身的力量，比起上杆，下杆及送杆时充分利用身体的移动是很重要的。

综合（基础）

练习场

日常生活

办公室

身体姿势

木杆

FW

铁杆

近距离击球

沙坑

击球

游戏

综合（基础）
练习场
日常生活
办公室
身体姿势
木杆
F W
铁杆
近距离击球
沙坑
击球
游戏

不同球杆的练习方法·1号木杆篇

初学者　中级者　高级者

飞行距离　方向性　稳定性

持续性　即效性

| 菜单 032 | 提高飞行距离③ 身体感受力量发挥到最大的击球瞬间 |

W效果　菜单–019

目标 体会击球瞬间姿势的练习。因为不用击球，所以可以利用家里的柱子等轻松愉快地练习。

杆面全体碰撞箱子做准备。

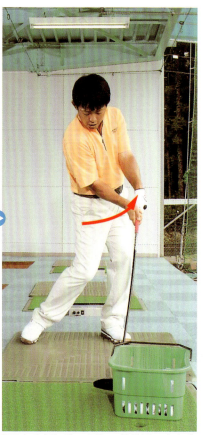

腰向左侧扭转，用杆面推箱子，大部分重心落在左脚。

做 法

①准备一个放入很多球的箱子或是重的东西。

②用杆面撞击箱子，摆出准备击球的姿势。

③用球杆面推箱子，摆出击球瞬间的姿势。

④反复练习20次。

要点建议 击球直到收杆会有将球向目标的方向推移的感觉瞬间。想要将力量传递到球，腰要向左侧扭转，重心在左脚，右手从上面覆盖的握杆法握杆，但是也要用全身力量来推杆。

用手推，力量发挥不出来

下半身保持在准备击球的姿势不动，仅用手和腕推动重箱子的话，力量不会充分发挥出来，箱子不会移动。不要依赖上身的力量，而是利用腿和腰的力量。

不同球杆的练习方法
球道木杆篇

最近，不单单使用3号木杆，喜欢用5号和7号等的球道用木杆的高尔夫员球也慢慢增多。通过充分的练习，来加强自信吧。

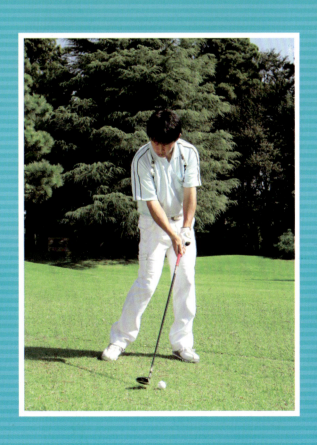

综合（基础）

练习场

日常生活

办公室

身体姿势

木杆

**F
W**

铁杆

近距离击球

沙坑

击球

游戏

使用球道木杆
注意这里！

球道木杆与1号木杆不同，它是直接击打草坪上球的球杆，因此，提高击球瞬间的精度是非常重要的。

握杆位置稍靠尾端，球的位置比使用1号木杆击球时靠后1~2个球身。

左腕和球杆在一条直线上，右手从上覆盖握杆

用木杆击球时，因为击打的是地面上的球，所以也要加入铁杆击球的要素。因为是从球上面击打，所以与使用1号木杆相比，球杆倾斜到自己几乎看不到杆面的角度，右手从上覆盖握杆。

两手放在杆头后方准备，就变成捞球了。

从上面击球，随之低击出

挥杆时应注意的是，不要想把球向上击出。上杆时低拉杆头，充分地扭转上身，准备姿势相同，右手从上覆盖握杆击球。送杆时假设低挥球杆的话，就可以很容易从上面正确击球。

与1号木杆相比，杆底较宽，杆面较薄，因此，球很容易向上飞出。

上杆时，注意杆头不要过低。

不要向上挑球，要用右手从上覆盖的握杆方法。

综合（基础）

练习场

日常生活

办公室

身体姿势

木杆

F
W

铁杆

近距离击球

沙坑

击球

游戏

初学者　中级者　高级者

飞行距离　方向性　稳定性

持续性　即效性

W效果　菜单-007

丢掉不擅长3号木杆的想法

从架球开始，渐渐地降低

目标 3号木杆是球道用木杆中最难的。这个练习能帮你掌握打在杆面得力处的感觉，克服不擅长的想法。

这里的高架球是指从杆头的最上部开始，球高出杆头一半。不要比这个高度再高。

做　法

①将球稍稍架高一点，而后击球。

②习惯之后一步步降低架球。

③最后达到直接将球放在垫子上击打的程度。

④至少练习30球。

不要从上面锐角击球过头，或从下面向上击球。在钝角的轨迹上击球。

要点建议 球道木杆多用于开球和距离较远的3杆球。架球时注意球座的高度。与1号木杆相同的架球高度是暂时的，所以要低架球。其高度与使用5号，7号杆等高击斜面角多的球道用木杆时的程度大体相同。在平时的练习中把握适当的高度。

不同球杆的练习方法·球道木杆篇

初学者　中级者　高级者
飞行距离　**方向性**　稳定性
持续性　**即效性**

综合（基础）

练习场

菜单 034 提高命中率
确定下杆路径后击球

W效果　　菜单–030

目标 击球前，慢慢地沿顶点到击球瞬间的轨迹向下挥杆，练习下杆的动作，提高命中率。

充分扭转上身，将杆挥至顶点。

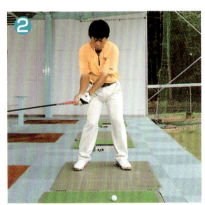

确认下杆中途的位置。

在击球的瞬间，右腕和球杆形成一个细长的三角形。

做法

①摆出通常准备击球的姿势，暂且上扬至顶点。

②下降到下杆中途的位置。

③再下降，摆出击球瞬间的姿势。

④还原到准备击球的姿势击球。

⑤以练习打数的50%为目标进行练习。

要点建议

下杆的轨迹不稳定是因为屈腕挥杆过早且打开右腕，或右膝扭转过度，右腕的角度有所改变。感受球杆从顶点下杆过程中右腕与球杆形成的细长三角形。

开赛之前 让你少打五杆的复习要点

确认下杆路径 消除对失误的不安

我自己在球道上打球时也是练习一下挥杆的动作后再击球。感到不安的时候，先检查一遍下杆的轨迹，打出好球的信心就会提高。这比反复地轻轻挥动球杆和空抡球杆都有效果。

综合（基础）

练习场

日常生活

办公室

身体姿势

木杆

F W

铁杆

近距离击球

沙坑

击球

游戏

菜单 035

使飞行轨迹稳定

摆出准备击球的姿势后上杆

目标 ▶ 此项练习的目的是防止捞球，稳定击球命中率。被称为"左侧线简便训练"的练习，职业选手们也经常这样练习。

通常的准备击球的姿势是上身尽量保持笔直。

肩和腰仍然保持平衡，右膝稍向内侧扭，左肩稍比右肩高一点。

做 法

① 摆出通常准备击球的姿势。

② 左肩抬高，摆出击球瞬间的姿势。

③ 保持原样上杆击球。

④ 以练习打数的50%为目标进行练习。

要点 建议

使上身和下身联动，摆出击球瞬间的形态是要点。球杆水平握在双手中，腰向左转动，重心落在左脚，上身稍稍向右倾的形态是理想的击球瞬间。

NG

只想着向上打的话，右肩就会降低

一想将球向上打，下杆时左腰伸展，右肩就会降低。击球的瞬间上身大幅度向右倾斜，身体的左半部伸展，这样的话就不能正确击球。

初学者　中级者　**高级者**

飞行距离　方向性　稳定性

持续性　即效性

综合（基础）

练习场

日常生活

办公室

身体姿势

木杆

FW

铁杆

近距离击球

沙坑

击球

游戏

菜单 **036**

纠正击中地面

右腋夹住杆头套挥杆

W效果　　菜单-019

目标 利用杆头套感受挥杆中正确的肩膀扭转的练习。挥杆自然变得紧凑，可以消除大幅度挥杆的毛病和击中地面的现象。

上杆自然变得紧凑。

击球瞬间球杆面容易还原回直角。

身体与手臂达到同步将杆挥出。

做　法

① 右腋夹住杆头套挥杆。

② 保持住，上杆击球。

③ 以练习打数的60%为目标进行练习。

要点建议 这项练习对上杆时右肘抬起过度，右手过度用力，右肩过度扭转的人很有效果。上杆时右肘的高度不变的话，下杆时右肩膀、右肘和右手就可以同步了。

开赛之前 **让你少打五杆的复习要点**

击球瞬间右腋不要打开

击中地面的人有两种，一种是为了能将球向上打出而降低右肩，在顶点也出现钩球。另一种击中地面的类型是右肩下降，锐角下杆的人。杆头从外面向下，击球瞬间打开右腋，杆面不要还原回直角。

综合（基础）

练习场

日常生活

办公室

身体姿势

木杆

F W

铁杆

近距离击球

沙坑

击球

游戏

不同球杆的练习方法·球道木杆篇

菜单 041

使挥杆稳定

交互使用3号木杆与短铁杆击球

目标　3号木杆与短铁杆交替击球练习。体会即使使用不同重量、不同长度也能保持同样的节奏挥杆的感觉。

送杆时重心全部放在左腿上。

做　法

①最初先用3号木杆击球。

②然后再用8号铁杆击球。

③重复①和②。

④至少练习30球。

3号木杆与8号铁杆的长度虽然不同，但挥杆的感觉不变。

用8号球杆击球时也是用同样的动作挥杆。

要点建议　球道木杆是能使球远远飞出的球杆。短铁杆是为瞄准目标，正确推进的球杆。在此，多数高尔夫球员使用球道木杆大幅度挥杆，但使用短铁杆时就变成手击球。交替的击球练习可以确认自己的节奏。

不要用3号木杆击高球

3号木杆的高击斜面角很小，是不容易向上击球的球杆。与使用8号铁杆时一样挥杆，收杆时身体重心落在左脚，这就是自己最好的挥杆。如果高度不够、球的飞行距离没能延长的话，就请用5号木杆和7号木杆进行练习。

初学者　中级者　高级者
飞行距离　方向性　稳定性
持续性　即效性

综合（基础）
练习场
日常生活
办公室
身体姿势
木杆
FW
铁杆
近距离击球
沙坑
击球
游戏

菜单
042

纠正捞球的击球
右脚用脚尖站立

W效果　　菜单−022

目标 如果没想将球向上打，但不管怎么打都会打成捞球的话，这项练习很有效。比赛中可以立即纠正失误。

通常的准备击球姿势摆好后，抬起右后脚跟。

右脚稳住，上杆的感觉会很清晰。

送杆时重心自然地落在左脚。

做　法

① 摆出通常准备击球的姿势。

② 抬起右脚后跟。

③ 上杆击球。

④ 以练习打数的60%进行练习。

要点建议 右脚后跟一抬起，上杆时右膝盖就不会移动，身体便可以充分扭转。而且下杆启动时从右脚到左脚的重心转移也变得流畅。即使在比赛中，击球前抬起右脚跟空抡也可防止失误。

下杆时，重心不要落在右脚后跟

有打捞球毛病的人，在下杆时身体重心大部分落在右脚后跟。因为重心没有移到左脚，杆头变成向上的轨迹。

综合（基础）

练习场

日常生活

办公室

身体姿势

木杆

F W

铁杆

近距离击球

沙坑

击球

游戏

菜单 **043**

打出稳定的飞行距离
使杆面开合击球

初学者　中级者　高级者

飞行距离　方向性　稳定性

持续性　即效性

W效果　菜单–011

目标 把握不好击球瞬间，飞行距离就不充分。这样的话，球从目标的右侧飞出的情况就会较多。用此项练习以改善上述问题。

准备好后，杆面朝向目标右侧。

左手朝上，向内侧拉球杆。

从击球瞬间到送杆，右手反转，两腕交替。

做　法

①摆出通常准备击球的姿势后，稍稍打开球杆面。

②左手稍稍向上，上杆。

③击球后，右手向上甩开。

④以练习打数的60%为目标进行练习。

要点建议 这是一项适合将球向右推出去的人的练习。一边打开杆面一边下杆，瞬间击球后伸展右腕，杆头超过两手甩开，杆头速度提升，1号木杆的飞行距离提高，对于防止右曲球也很有效。

 送杆时右手不要向上

直线挥动杆头印象很强的人往往下杆时右手背向上，送杆时左手背向上。在此打开杆面命中。

初学者 | 中级者 | 高级者
飞行距离 | 方向性 | 稳定性
持续性 | 即效性

W效果　　菜单-039

综合（基础）

练习场

日常生活

办公室

身体姿势

木杆

F W

铁杆

近距离击球

沙坑

击球

游戏

菜单 044 | **熟练掌握效用球杆**
根部击球的练习

目标 效用球杆是用来代替难的铁杆的。手臂靠近身体，充分挥杆。

做 法

①球靠近杆面的根部准备好。

②用杆面的中心击球。

③以练习打数的70%为目标进行练习。

球靠近杆面的根部，击球准备的姿势与通常一样。

击球时用杆面的中心击球。

杆头自然地从内侧向下。

要点建议

有体力，杆头速度快的人用7号和9号等短木杆会有将球打得过高的倾向。适合这样人的球杆是效用球杆。不从上面锐角击球，在水平挥杆感觉下挥杆是提高命中率的要点。

NG

不要打锐角

效用球杆杆头的形状各种各样，但是，击球瞬间与球的接触点会变得比较窄。像铁杆那样从上面以锐角打进的话，就容易偏离杆面的接触点。

综合（基础）
练习场
日常生活
办公室
身体姿势
木杆
F W
铁杆
近距离击球
沙坑
击球
游戏

初学者	中级者	高级者
飞行距离	方向性	稳定性
持续性	即效性

菜单 045 熟练掌握短木杆

趾部击球的练习

| W效果 | 菜单-040 |

目标 年龄大和杆头速度较慢的人在3号和5号球杆之外可以有效活用7号和9号球杆等短木杆。这项练习的目的是延伸手臂挥动。

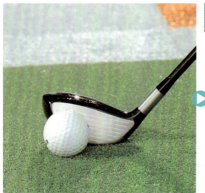
将球放置在杆面的趾部。

在瞬间击球时撞击杆面的正中间。

杆头稍稍在锐角的轨迹上下降。

做　法

①将球放置在杆头的前端。

②用杆面的支撑点瞬间击球。

③以练习打数的70%为目标进行练习。

要点建议 球道木杆比铁杆和效用杆等球杆的底面幅度宽。即使猛击或球杆底面滑动，球位差也能接受。一旦试图使球杆底面滑动击球，好不容易建立的优势就会被糟蹋掉，所以下压击球的感觉非常重要。

从旁边水平击出是错误的

使用球道木杆时，将球横着水平击出的话会有反效果。下杆时早些松开手腕的话，容易变成捞球的击球，所以击打点就不稳定。

不同球杆的练习方法
铁杆篇

铁杆是瞄准目标的球杆。
一边温习在19～20页中解说过的"挥杆基本"，一边稳定铁杆瞄准的方向和距离。

初学者　中级者　高级者

飞行距离　方向性　稳定性

持续性　即效性

W效果	菜单-036

纠正击中地面①

在垫子上贴一个橡皮膏

目标 利用橡皮膏检查下杆入射角的练习。可以矫正用铁杆瞄准击球击中地面的失误。

将橡皮膏纵向贴在球后的3厘米处。

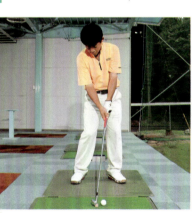

将杆头的底面放在橡皮膏上，瞄准击球。

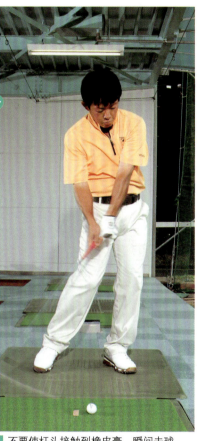

不要使杆头接触到橡皮膏，瞬间击球。

做　法

①将橡皮膏贴在球的后方。

②瞄准，击球。

③至少练习30球。

要点建议

击中地面会将橡皮膏弄掉。初学者可以将橡皮膏贴在离球3～4厘米的地方，高级选手练习时，球与橡皮膏的距离较窄。夹紧左腋，感觉球杆在顶点可以立起的情况下再向下挥杆。

不要较早打开手腕

击中地面是因为下杆时手腕过早打开，所以杆头的入射角过大。过急击球，或将球向上击出时，多会发生这种现象。

综合（基础）

练习场

日常生活

办公室

身体姿势

木杆

F W

铁杆

近距离击球

沙坑

击球

游戏

初学者	中级者	高级者
飞行距离	方向性	稳定性
持续性	即效性	

菜单 047

纠正击中地面②
右脚后跟稍稍抬起，摆出封闭站姿

W效果	菜单-022

目标 下杆时右肩降低，是击中地面的原因。可以将球放在右脚后跟下来纠正错误动作。

┌─ 做 法 ─┐

①准备击球，右腿向后退半脚的距离。

②右脚后跟踩住球。

③击球。

④以练习打数的70%为目标进行练习。

摆好封闭站姿后，将球踩在右脚跟下。

下杆时右肩不要降低，球杆在正确的轨迹下落。

要点建议
即使是封闭站姿，膝盖线和飞行路径也是平行的，腰和肩相对于飞行路径是竖直的。右脚脚尖支撑全身重心挥杆，右肩高度不变，不用踩住球，稍稍抬起右脚后跟也有效果。从上面正确地击球。

NG

上杆时左肩不要下降打锐角

上杆时左肩一下降，左脚就变成体重的支撑点。与之相对的是下杆时重心就落在了右脚上，伸展左腰，右肩降低，就会击中地面。

右侧栏：综合（基础） 练习场 日常生活 办公室 身体姿势 木杆 FW 铁杆 近距离击球 沙坑 击球 游戏

综合（基础）

练习场

日常生活

办公室

身体姿势

木杆

FW

铁杆

近距离击球

沙坑

击球

游戏

不同球杆的练习方法·铁杆篇

菜单
048

纠正击中地面③
将球放在垫子的前端

目标　垫子前端的地面稍稍低一些时可以采用这项练习。想象杆头低挥，目标是避免击中地面。

如果垫子的前端较低，将球放在紧靠近左端的位置。

送杆时，杆头低挥击球。

做　法

①将球放置在垫子的左端。

②准备击球。

③以练习打数的50%为目标进行练习。

要点建议　容易击中地面的人，在比赛时可以利用脚尖前向下做空抡练习。保持双膝的稳定感，保持前倾姿势，掌握向下挥杆的感觉。击球的瞬间，对于抬起左半身类型的人和上身过度前倾类型的人，这是挥杆矫正立竿见影的练习。

锐角进入过多也会击中地面

击中地面多数是因为捞球击球，但是，下杆时上身朝向球，球杆在非常窄的锐角角度下下挥，也同样会击中地面。

初学者	中级者	高级者
飞行距离	方向性	稳定性
持续性	即效性	

菜单
049

纠正轻击
左脚尖向前

W效果　菜单-070

 目标 纠正因打在球的上面而发生轻击球的练习。轻击与击中地面有些类似，所以这个练习也有防止击中地面的效果。

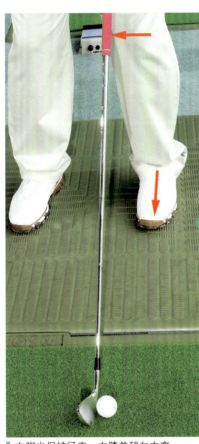

左脚尖保持径直，左膝盖稍向内弯。

用左脚支撑球杆的活动，用身体的转动完成击球。

做 法

① 摆出通常准备击球的姿势。

② 以左脚后跟为支点，脚尖向前。

③ 击球。

④ 以练习打数的60%进行练习。

 要点建议 支撑挥杆的左脚变得不稳定，就会发生这两方面的失误。要么击中地面，要么轻击。像上面那样，摆出脚尖向前的姿势。左下半身稳定，使下杆的轨迹修正，失误也可以减轻。

 左膝盖不要分散

 下杆时散开左膝盖经常被称为"膝盖分散"。如图中所示，左脚尖相对于目标方向发生大幅度转动，不能充分支撑身体。

综合（基础）

练习场

日常生活

办公室

身体姿势

木杆

FW

铁杆

近距离击球

沙坑

击球

游戏

83

综合（基础）
练习场
日常生活
办公室
身体姿势
木杆
F W
铁杆
近距离击球
沙坑
击球
游戏

初学者　中级者　高级者

飞行距离　方向性　稳定性

持续性　即效性

W效果　　菜单–026

菜单 050

纠正拖球
在球的后方放置一个杆头套

目标

推荐给经常打出拖球的人的练习。充分移动身体重心，就能打出挥杆的速度感。

在球后方大约50厘米的地方放置一个杆头套。

用杆头轻轻敲杆头套后上杆。

做 法

①球的飞行路径后方放置一个杆头套。

②上杆时杆头击中杆头套。

③击球。

④以练习打数的50%进行练习。

要点建议

又低又长地拉起杆头后上杆，在顶点充分扭转上身，利用身体回转直到收杆充分甩开。根据步法，身体可以感觉到杆头的加速感，同时稳定击球。

NG

不要用指尖向上抬球杆

忘记身体的转动，仅用指尖，随便将球杆抬起，也就变成了用手击球。这样，就不能正确地命中球，并导致拖球。

初学者　中级者　高级者
飞行距离　方向性　稳定性
持续性　即效性

综合（基础）

练习场

日常生活

办公室

身体姿势

木杆

FW

铁杆

近距离击球

沙坑

击球

游戏

菜单
051

纠正右曲球
在外侧举起，从内侧放下

W效果　　菜单–045

目标 针对下杆时为了从外侧放下球杆，击球的瞬间打开杆面造成右曲球的人设计的修正轨迹的练习。

从外侧上杆。

在顶点形成一个圈，从内侧挥下。

⁖ 做 法 ⁖

① 在飞行路径后方外侧和内侧放置两根球杆。

② 从外侧上杆。

③ 从内侧的一侧下杆，击球。

④ 以练习打数的50%进行练习。

要点建议
对经常用4～6号铁杆打出右曲球的人很有用。在外侧上挥，利用下杆时因手臂和球杆拉近身旁，而自然地从内侧下来的练习。对于下杆时右肩向前倾的人也有效。

在内侧不要过度拉杆

如果在内侧球杆拉得过低的人，也能在顶点让球杆形成一个圈，但球会从外侧落下。因此就变成削球击球，会发生右曲球。

初学者　中级者　高级者

飞行距离　方向性　稳定性

持续性　即效性

W效果　　菜单—036

菜单 052

稳定中铁杆的方向性

小上杆击球

目标

稳定5～7号铁杆方向性的练习。小上杆击球，身体可以感受到下杆的左侧的张力。

挥杆到顶点时，两手的高度与右肩差不多相同。高水平球员的话，稍微低一些。

收杆与通常的全挥杆相同。

做法

① 摆出通常击球准备的姿势。

② 挥杆顶点定在右肩左右的高度。

③ 击球。

④ 以练习打数的70%为目标进行练习。

要点建议

挥杆到顶点时，上身不击球，所以必然是下身先返回之后手臂才回落。即使是从右腰高度下杆到收杆甩开空抡的练习，也可以掌握下半身领先的感觉。

击球的瞬间不要减速

下半身保持原来停止的状态下挥杆的话，球杆就会减速，击球的瞬间就会变得迟缓。而且手臂会交叉或左肘会降下，造成杆面不能返回。

综合（基础）

练习场

日常生活

办公室

身体姿势

木杆

FW

铁杆

近距离击球

沙坑

击球

游戏

菜单
053

纠正短铁杆钩球
打开右手手掌握杆

W效果　　菜单—004

目标 使用高击斜面角多的短铁杆时，容易出现左曲球，这个练习可以防止击球瞬间杆面封闭。

握柄放在右手指的根部。

假设右手的手掌是杆面，挥杆。

做　法

①准备好通常握杆的方式后打开右掌。

②击球。

③以练习打数的40%为目标进行练习。

要点建议 常打出钩球的人在击球的瞬间较多地用右手，造成杆面封闭。打开右手掌，右手不要用力，体会保持杆面平直挥动的感觉。两手握杆时也是一边感觉杆面一边挥杆。

　击球的瞬间不要降低上半身

在距离果岭很近的地方，往往想控制好球，但经常有击球瞬间上身降低的情况。这样就会引起手击球，使命中率降低。

综合（基础）
练习场
日常生活
办公室
身体姿势
木杆
F W
铁杆
近距离击球
沙坑
击球
游戏

不同球杆的练习方法·铁杆篇

初学者	中级者	高级者
飞行距离	方向性	稳定性
持续性	即效性	

| W效果 | 菜单-052 |

菜单 054
练习控制入射角度
用送杆动作击球

目标 不上杆，用送杆的方法将球向目标方向击出的练习。球不能远远地飞出，但是可以磨炼一下控制球杆入射角的感觉。

摆出右手覆盖在左手上的握杆姿势，准备击球。

左脚牢牢地踏地，用力将球击出。

做 法

①按通常的准备击球，摆出击球瞬间的姿势。

②接着用球杆面将球推出。

③至少练习10球。

不同球杆的练习方法铁杆篇

初学者	中级者	高级者
飞行距离	方向性	稳定性
持续性	即效性	

| W效果 | 菜单-027 |

菜单 055
稳定距离感
假设在果岭上击球

目标 活用练习场的空间，用实战的感觉去击球练习。不要大幅度挥动，紧凑地挥动球杆，向目标方向正确地击球。

每打一个球都设想着果岭，以比赛的感觉击球。

为打出一定的距离，用80%左右的力气收杆。

做 法

①决定击打的方向和距离，设想果岭。

②设好直线，击球。

③全部的球都实行这个练习。

要点 建议

专业高尔夫球员经常说"打出曲线"。要想做到这点，面向目标正确推进，必须稳定击打方向和球的飞行方向，因此必须紧凑地挥杆击球。铁杆的练习中减轻方向和距离感的误差是目标，所以不能总是高击球。漫无目的地击打也是毫无意义的，所以打每一个球都要决定好目标。

初学者　中级者　高级者

飞行距离　方向性　稳定性

持续性　即效性

W效果　菜单-064

综合（基础）

练习场

日常生活

办公室

身体姿势

木杆

F W

铁杆

近距离击球

沙坑

击球

游戏

菜单 056

斜面增强
短握杆击球

目标 即使是短握球杆，前倾角度也与通常一样的挥杆练习。两腿要用力，这样一来对脚尖下降的斜面也能应对自如了。

❶

最初，摆出通常的姿势。

❷

尽量短持球杆。

❸

不改变前倾角度，两膝盖深深弯屈，杆头对准球。

做 法

①摆好通常准备击球的姿势。

②尽可能地短握球杆，两脚分开，两膝盖深深弯屈。

③击球。

④以练习打数的50%为目标进行练习。

要点 建议

宽站姿磨炼保持前倾角的能力。 要点是左膝盖的角度一直到最后也不要改变。挥杆要很紧凑，击球瞬间要稳。

开赛之前
让你少打五杆的复习要点

在斜面保持两个膝盖的弯屈角度

在倾斜地瞄准击球时最容易出现的失误是脚尖下降和左腿下降。这是因为挥杆中下半身容易失去平衡。不擅长保持平衡的人在这个练习中用身体去感受，两腿要用力，两膝盖的角度不变，即使是比赛前保持平衡也要进行练习。

综合（基础）
练习场
日常生活
办公室
身体姿势
木杆
FW
铁杆
近距离击球
沙坑
击球
游戏

不同球杆的练习方法·铁杆篇

菜单
057

设想球落入果岭叉的痕迹中
将球放在垫子的下凹处击球

W效果　　菜单-046

目标 利用垫子的下凹处练习。像果岭叉留下的痕迹那样，设想球稍稍下沉的状况，推荐那些想掌握实战挥杆的球员们练习。

如果是松软的垫子，从球的上面下压球。

趁球没有完全浮上来时击球。

将球放在通常位置稍靠右侧的1~2个球位的地方，准备击球。

做　法

① 使球陷入垫子。

② 马上准备击球。

③ 以练习打数的50%为目标进行练习。

要点建议 在旧垫子正中间稍微下沉的地方放置球，球不会向上飞，而且容易击中地面。所以平常的练习中要避开下凹处，找平坦的地方击球。

开赛之前 让你少打五杆的复习要点

在果岭叉的痕迹中，严禁捞球

球落入糟糕的果岭叉痕迹里时，要认真确认状况，如果球稍微下沉，将球放置在右脚那一侧，增强右手从上覆盖的程度，以6比4的比例，大部分重心放在左脚准备。为防止捞球，收杆时，球杆在低处停止击球比较好。

菜单
058

纠正手击球
将握柄的末端贴在身上

初学者　中级者　高级者
飞行距离　方向性　稳定性
持续性　即效性

W效果　菜单-006

目标　感受挥杆中的身体与手臂同步的练习。握柄的末端不要从身体的中心离开，稳定击球瞬间的范围，杆面保持径直。

仍然保持握柄贴着身体，上扬至右腰的高度。

送杆时在左腰的高度停住球杆。

做　法

①握住长柄，握柄的末端贴着身体。

②半挥杆时反复空抡。

③像通常那样握杆，击球。

④①~②至少练习10球。

要点建议　两臂充分伸展，短握杆，握柄末端贴在肚脐的旁边。保持手臂的长度，空抡，手和球杆保持在身体的正面，感受挥动动作。

NG　**不要改变握柄末端的朝向**

上杆时打开右腋，下杆时左腋一打开的话握柄的末端就会离开肚脐。身体和手臂不能同步，就变成了手击球。实际上，手和球杆在比腰高的位置时，握柄的末端不指向身体的中心。但是，在比腰低的位置时，握柄末端会朝向身体的中心。

综合（基础）
练习场
日常生活
办公室
身体姿势
木杆
FW
铁杆
近距离击球
沙坑
击球
游戏

初学者 | 中级者 | 高级者
飞行距离 | 方向性 | 稳定性
持续性 | 即效性

W效果 | 菜单–012

菜单 **059**

掌握左弧球
利用垫子的方正线击球

目标 击球准备时进行的视觉练习，利用放置在地上的球杆和垫子的线之间的角度，稳定挥杆的轨迹。

做　法

① 在垫子方正线上决定目标。

② 面向击球方向放好球杆。

③ 身体朝向球杆准备好，然后击球。

④ 至少练习20球。

为了标明击出球的位置，放上球杆。但是，杆面相对目标是垂直的。

大体推测一下垫子的方正线，向内的轨迹不要过度。

 要点
建议

击出左弧球，杆面朝向目标，肩和腰的站位朝向目标的右侧。穿过下面放置的球杆和垫子的方正线之间，轻轻向外挥杆。一边调整下面球杆的角度，一边控制球的飞行轨迹。

挥杆不要太过

惯打左弧球的人也偶尔会向右推球，或者出现左弧球过强的现象。如果向内挥杆的倾向过于强烈，是因为球的方向欠缺稳定性。超出自己所预想的距离，超出果岭，这种情况常发生于从里面近距离切球时，所以要多加注意。

综合（基础）

练习场

日常生活

办公室

身体姿势

木杆

F W

铁杆

近距离击球

沙坑

击球

游戏

初学者　中级者　高级者

飞行距离　方向性　稳定性

持续性　即效性

W效果　　菜单–018

菜单 060

掌握右弧球

减轻削球轨迹，控制球的方向

目标 这也是视觉练习。防止切球过头造成的右曲球，练习控制右弧球的飞行距离。

做 法

①决定好目标。

②在打出的方向放置一个球杆。

③身体与球杆平行，击球。

④至少练习20球。

球杆在目标稍左处放好。杆面与目标垂直。

以球杆为参照，从外向内的轨迹不要太过。

要点建议 右弧球是指球的飞行方向左至右缓缓弯曲。在此练习中，杆面直接朝向球，全身朝向目标的左侧准备好，利用垫子与球杆形成的角度，从外向内轻轻挥杆。

不要向球的目标方向击出

有些人身体明明朝向目标的左侧，却想将球向目标方向径直击出。结果，杆头从内侧开始下降，杆面一打开，球就向右侧飞出了。打右弧球时，瞬间击球后身体也保持着扭转姿势，向目标左侧甩开的意识非常重要。

左侧竖排导航栏：

综合（基础）

练习场

日常生活

办公室

身体姿势

木杆

FW

铁杆

近距离击球

沙坑

击球

游戏

不同球杆的练习方法·铁杆篇

初学者　中级者　高级者

飞行距离　方向性　稳定性

持续性　即效性

W效果　菜单–014

菜单 061

球不像想象中那样上抬

在球的后方放置一支球杆

目标 适用于使用5～7号的中铁杆却不能将球击得很高的人。即使不用太大的力量，球也能轻松地向上的练习。

沿着发球线，在垫子后方放置一支球杆。

为使球杆进入视线，下杆的轨迹变成钝角。

做　法

①在垫子的后方垂直放置一支球杆。

②准备，击球。

③至少练习20球。

要点建议 杆头速度快的人可以顺利将球向高击出，但是，杆头速度相对慢的人就有必要放缓下杆的轨迹。在垫子的后方放置一支球杆，身体的重心会留在右脚，容易击打出高击斜面的球。

 NG

注意身体不要过度前倾

下杆时身体过度前倾的话，瞬间击球时的入射角度就会成锐角。因此，击球用不上力，球的高度就出不来。

初学者　中级者　高级者

飞行距离　方向性　稳定性

持续性　即效性

W效果　　菜单-015

综合（基础）

练习场

日常生活

办公室

身体姿势

木杆

F W

铁杆

近距离击球

沙坑

击球

游戏

菜单 **062**

球抬得过高
在球的前方放置一支球杆

 目标 这个练习对那些因球抬得过高，飞行距离不足的人很有效。也是在球的附近放置一支球杆，在准备击球时进行的视觉练习。

在垫子前方的飞行路径上放置一支球杆。因为球杆要进入视线，所以下杆的轨迹变成锐角。

做　法

①在垫子的前方放置一支球杆。

②瞄准击球。

③至少练习20球。

要点建议 在飞行路径的前方放置一支球杆的话，根据视觉效果，送杆时杆头就会处于低位，下杆入射角变成锐角，通过球杆的杆面倾角击球，可以防止球抬得过高。想要打低球时也可以这么练习。

NG

捞球也抬得过高的原因

有打捞球倾向的人虽然偶尔能打出好球，但有时球抬得过高，打不出较远的飞行距离。这是因为，使用6号铁杆时采用了与8号铁杆相同的方法。

综合（基础）

练习场

日常生活

办公室

身体姿势

木杆

FW

铁杆

近距离击球

沙坑

击球

游戏

不同球杆的练习方法铁杆编

菜单
063

控制飞行距离①

改变挥杆幅度的大小

W效果	菜单–070

目标 以齐腰、齐肩、全挥杆将挥动幅度分成3个阶段进行练习。使用控起杆和7号铁杆，检查飞行距离的变化。

从右腰向左腰的高度挥杆。

做　法

①半挥杆击球。

②四分之三挥杆。

③全挥杆击球。

④①~②分别练习击10球。

齐眉高度挥杆。

全挥杆时注意也保持同样的节奏。

要点建议　无论什么样的挥杆都要注意保持节奏不变。不同的挥动幅度，会产生挥杆的速度差，击球瞬间的感觉也会改变。以100码（90米）以内的控制击球为主体进行练习，用沙坑用杆、近距离控起杆，劈起杆3种球杆分别击球，把握不同的飞行距离。

初学者 中级者 高级者

飞行距离 方向性 稳定性

持续性 即效性

W效果 | 菜单-056

菜单 **064**

控制飞行距离②
改变握杆

目标 通过改变握杆的长度，控制飞行距离的练习也分3个阶段改变，请同时检查击出的角度。

最短握杆时，身体前倾角度大。

握柄中间握杆时，上身稍稍抬起。

正常长度握杆时，身体前倾角度最小。

做 法

① 最大限度地短持球杆高挥杆。

② 手持握柄的中间高挥杆。

③ 以通常握杆的长度高挥杆。

④ 各自练习10球。

短

中

长

短持球杆，身体前倾角度越大，球杆的入射角就越小。

要点 建议

加减挥杆大小的方法和改变握杆的长度的方法都可以控制飞行距离。但是，击球时如果过分用力，杆面的朝向和入射角会发生改变，导致距离不固定。所以，不管哪种握杆方法，击球时的力量都要一致。

NG

练习中磨炼的技能在比赛中试一试

改变握杆的长度和身体前倾角度，球杆的入射角也随之改变。最短握杆时入射角度最小。想从树林中脱出和想从球位置不好的场所脱出时采取短持杆击球，逆风时对于想打低球的状况等也能起一定的作用。手持杆的正中间击球。

综合（基础）

练习场

日常生活

办公室

身体姿势

木杆

FW

铁杆

近距离击球

沙坑

击球

游戏

初学者	中级者	高级者
飞行距离	方向性	稳定性
持续性	即效性	

无论用哪种球杆，收杆都不会出现问题

踏步之后大收杆

W效果	菜单-025

目标 两脚踏步，空抡两回之后击球。有节奏地学习挥杆的加速感和流畅感。

第一次，第二次挥杆，渐渐加快速度。

送杆时感受身体与球杆的配合。

做 法

①在稍稍离开球的位置准备击球。

②一边到肩左右的高度空抡一次，一边靠近球。

③第二次稍稍加速空抡。

④进一步，最后高挥杆击球。

左脚牢固踏地后击球。

挥动球杆。

要点建议 一边走一边挥杆，挥杆的幅度逐渐变大。因为在连续空抡的过程中，能够掌握身体与球杆一致的拉伸感，所以直到收杆都可以尽力挥动。另外，左脚用力踏地，有利于牢记下杆的动作。

手击球会打乱节奏

不能顺利收杆是因为利用手部力量击球，击球时出现问题，挥杆的节奏不能稳定。注意像踏步那样地固定节奏。

不同球杆的练习方法
近距离击球篇

靠近果岭的位置是重要的得分区，这一篇中，
我们来练习两种不同的击球方法吧。

综合（基础）

练习场

日常生活

办公室

身体姿势

木杆

FW

铁杆

近距离击球

沙坑

击球

游戏

近距离击球时
注意这里！

近距离击球要适应果岭周围的情况，靠近球洞选择概率高的打法是很重要的。首先来掌握2个基本的打法吧。

使用沙坑用杆，学习"低"和"高"两种打法。

想尽早提高近距离击球的技巧，需要用一支球杆掌握两种打法。我推荐大家选用变化最广泛的沙坑杆。练习变换球的位置和长柄的倾斜击球。学习低滚动的技巧和抬高技巧。

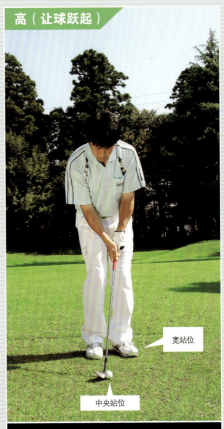

低（让球滚动）

右手从上覆盖的握杆

窄站位

右脚小趾前

"低"的关键是让球滚动。采用两脚的间隔不太宽的开放式站位。将球放置在右脚小趾的前面，右手用从上覆盖的握杆法准备好。

高（让球跃起）

宽站位

中央站位

"高"的关键是让球跃起。采取比"低"打的方法稍宽一些的开放式站位，将球放置在站位的中央附近准备好。

▌用相同的挥杆幅度确认飞行距离和路线

最初，在齐腰的高度挥杆。仅仅改变姿势，即使不特别地改变挥杆幅度，球的击出角度也会大大改变。在练习中把握2种打法时的飞行距离。

低

打低滚球时，即使是小幅度挥杆也能打出较远的距离。因为球低出的路线很多，所以即使是很小的挥杆也能打出距离。在实战中想打出更低的滚球时，最好使用9号铁杆。

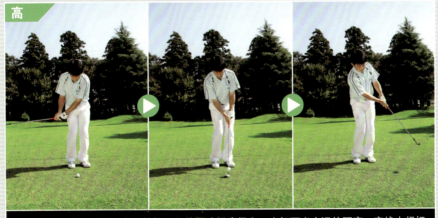

高

高是指抬高球，飞行距离比较短。即使挥动幅度很大，也打不出太远的距离。实战中想把球打得更高时，就要打开杆面击球。

综合（基础）

练习场

日常生活

办公室

身体姿势

木杆

FW

铁杆

近距离击球

沙坑

击球

游戏

菜单 066	纠正挖地球

右手持杆，用左腿站立

W效果　菜单-074

目标 这个练习可以彻底纠正近距离击球时容易出现的挖地球。消除下半身和右手腕无用的动作，提高击球的正确性。

身体中心必须在靠近目标那一侧准备好。

用右手握杆，左脚站立，掌握击球的感觉。

以左脚为轴，挥杆，如果能保持住摆姿势时右手腕的角度，就能够正确击球。

做 法

①摆出近距离击球的基本姿势。

②左手离开握柄。

③依靠左脚站立。

④以练习打数的50%进行练习。

要点建议 因为全挥杆的运动量大，所以击球准备与击球时的姿势不同，但是挥杆幅度小的近距离击球时，也可以说击球的瞬间是击球准备的再现。设想击球瞬间的情形，抑制住手腕和下半身的无用动作是很重要的。

NG **捞球是严重打入草坪的原因**

想将球向上打的话，下杆时上身就会向右倾斜，球就会变成从下向上翘的活动。为此，击打球前面的地面，就会严重地打入草坪。

初学者　中级者　高级者
飞行距离　方向性　稳定性
持续性　即效性

综合（基础）
练习场
日常生活
办公室
身体姿势
木杆
F W
铁杆
近距离击球
沙坑
击球
游戏

菜单 067　纠正剃头球

将两支球杆连接在一起握好

W效果　菜单–074

目标　本来想靠近旗杆，却打出了剃头球，有此烦恼的人适合此练习。练习中完全不使用手腕，用身体的转动挥杆。

将两支球杆连接在一起握好，上面的球杆碰触到侧腹。

从击球到送杆，球杆的长柄都不要离开左侧腹。

做法

①将两支球杆的握柄合在一起握好。

②用上面球杆碰触侧腹。

③击球。

④以练习打数的50%进行练习。

 要点建议　两手柔和地握杆，自然屈腕，挥杆球杆向上，所以上杆时长柄会从左侧腹离开。然后长柄又恢复到左侧腹直至送杆。右手从上覆盖的握杆法在击球时可以再现，但是保持屈腕挥杆击球才是秘诀。

 NG

剃头球的原因是过度使用手腕

害怕打出挖地球，然后径直击球向前，击球时就会变成手腕交叉。于是，杆面前缘就会撞到球，球低飞出去，就会超出球洞。

初学者　中级者　高级者

飞行距离　方向性　稳定性

持续性　即效性

W效果　菜单-078

菜单
070
控制距离①
分别击10码，30码，50码

目标　尽量以同样的挥杆感觉分别击出3个飞行距离的练习。以练习场的码数牌等为目标，控制距离，磨炼技巧。

在打10码时，采用最窄的站姿。

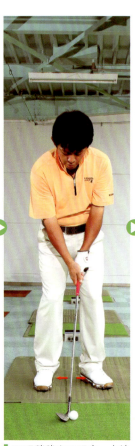

30码稍稍比10码宽一点站姿。

50码时，站姿幅度更宽。

做　法

①狭窄站姿打10码（9米）。

②两脚的间隔稍稍宽一些打30码（27米）。

③再站宽一些，打50码（45米）。

④从①～③反复练习5次。

要点建议　从①到③以同样的挥杆感觉击球。距离感的把握根据高尔夫球员的不同，存在着个体差别。以齐腰高度的挥杆为基准比较好。即使想以同样的感觉挥动球杆，较宽站立时，因为身体的移动较容易，所以挥杆幅度自然就变得大了。

击球的瞬间不要加速或减速

上杆过大，于是击球的瞬间减速，或上杆太小，击球的瞬间用力猛击都是不对的。击球距离不是用击球瞬间的强弱来控制的，想打出好距离，要调整挥杆幅度，稳定挥杆的速度。

综合（基础）

练习场

日常生活

办公室

身体姿势

木杆

FW

铁杆

近距离击球

沙坑

击球

游戏

初学者　中级者　高级者
飞行距离　方向性　稳定性
持续性　即效性

W效果　　菜单—055

综合（基础）
练习场
日常生活
办公室
身体姿势
木杆
FW
铁杆
近距离击球
沙坑
击球
游戏

菜单 071　控制距离②
一球一球地改变击球目标

目标 根据目标的变化来调整对应力量的练习。掌握观察之后以感觉挥杆来控制距离感的技巧。

┌ 做 法 ┐

① 不要事先决定要打几码，以一眼看到的地方为目标，击球。

② 朝不同的方向击球。

③ 反复练习。

④ 至少练习30球。

每打一球改变一个目标，进行多次练习。

要点建议 进攻果岭球的距离感不是靠脑袋想的。例如30码的时候，设想怎样的挥杆幅度比较合适，但是，最终的目的是观测后的感觉。"往那打"、"下一个往那打"，目标或近或远，改变方向击球可磨炼距离感觉。

开赛之前 让你少打五杆的复习要点

击球之前看好目标，反复空抡

在实践中，要减轻距离上的失误，就要好好确认到球洞的距离，击球之前，一边看着球洞，一边反复空抡。中高级者，一边想象球要落在果岭的哪一带，飞行轨迹如何，一边空抡。找到感觉后，准备击球，趁想象还没有消失前开始击球。

综合（基础）
练习场
日常生活
办公室
身体姿势
木杆
FW
铁杆
近距离击球
沙坑
击球
游戏

不同球杆的练习方法·近距离击球篇

初学者	中级者	高级者
飞行距离	方向性	稳定性
持续性	即效性	

控制距离③

改变杆面的打开角度击球

| W效果 | 菜单-077 |

目标 改变准备击球的杆面打开角度，以控制距离感的练习。学习即使挥动球杆的幅度相同也能改变入射角和飞行距离。

做 法

① 击球时，使球贴地面滚出。

② 打开球杆面准备好，击球。

③ ①和②各自练习20球。

杆面保持垂直，将球放在右脚后跟的前面。

打开杆面，杆面倾斜角大些，球稍靠左放置。

要点建议 杆面垂直和稍稍打开的感觉打法容易控制距离。垂直的话，球可以安全地滚动，球洞在跟前的话可以抑制球的转动，因此可以适应各种状况，非常方便。以上方法中挥杆的幅度是相同的，但通过球的变化，可以感受到高尔夫的乐趣。

初学者 | 中级者 | 高级者
飞行距离 | 方向性 | 稳定性
持续性 | 即效性

菜单 **073**

把握方向性①
互锁式握杆法握杆

W效果 | 菜单–067

目标 挥杆中保持杆面垂直朝向，提高近距离击球正确性的练习，最适合手腕角度容易改变的人和扭着手臂的人。

左手在下，左腕和球杆保持在一条直线上。

保持手的位置，上杆至腰部。

左臂伸直，送杆至齐腰高度。

做 法

①握杆时右手和左手互换位置。

②击球。

③以练习打数的50%为目标进行练习。

 要点建议

即使是近距离击球那样小幅度的挥杆，固定住手腕，转动肩膀，挥动球杆也是很重要的。短握球杆，在球的附近站好，准备好后，与轻击球相同，肩膀要有向纵向转动的感觉。

 NG

左手腕不要向手背侧弯

击球的瞬间左手腕向手背侧弯是由右手腕的延伸造成的。杆面朝向改变过大，会打乱方向性，距离感也会因此丧失。

综合（基础）
练习场
日常生活
办公室
身体姿势
木杆
FW
铁杆
近距离击球
沙坑
击球
游戏

初学者　中级者　高级者
飞行距离　方向性　稳定性
持续性　即效性

W效果　　菜单-066

菜单 **074**

把握方向性②
检查球的位置

目标 这项练习应该说是击球准备的检查法。当你不知道球的位置而产生不协调的姿势时，这个处理方法很有用。

将球放在站位的中央，放好球杆面。

两脚脚尖向左，球杆的朝向就自动改变。

自然摆出右手从上覆盖的握杆姿势。

做　法

①两脚间的间隔不要太宽，两脚脚尖径直朝向前。

②用右手握杆，球杆面与球成直角。

③以两脚后跟为轴，双脚脚尖转向左。

④摆好这个姿势。

要点建议 两脚径直向前的话，球会在站位的中央，但是两脚脚尖朝向左侧时，球就会变成在站位右侧。这样可以理解近距离击球的身体的轴与球的位置关系。

球不能在站位右侧

球的位置在站位右侧。只要不是将球高高击起，这个原则不变。在身体的轴的左侧放置球，即使球的位置正确，上身也不能向右倾斜，头不能在球的右侧。在稍稍从左上方可以看见球的位置准备好。

综合（基础）
练习场
日常生活
办公室
身体姿势
木杆
FW
铁杆
近距离击球
沙坑
击球
游戏

初学者　中级者　高级者

飞行距离　方向性　稳定性

持续性　即效性

综合（基础）
练习场
日常生活
办公室
身体姿势
木杆
FW
铁杆
近距离击球
沙坑
击球
游戏

菜单
075

建立近距离滚动球的击球自信
仅用左手握杆

W效果　　菜单–067

目标　针对近距离滚动球击球时击得过高，距离感不稳定的人的练习。学习左手的使用方法，理解低转动的要点。

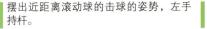

摆出近距离滚动球的击球的姿势，左手持杆。

左手臂和球杆的角度不变，挥杆。

做法

① 仅左手握杆，右手从上覆盖的握杆准备好。

② 使左手臂和球杆同步，击球。

③ 以练习打数的50%为目标进行练习。

要点建议

对近距离滚动球击球时，要轻击球，让球转动即可。

NG

不要打捞球

用劈起杆和8～9号铁杆代替沙坑杆也可以。但是，很多本想打近距离切滚球的人，击球瞬间时，手腕活动，导致捞球，击球不充分，距离感也丧失了。

不同球杆的练习方法·近距离击球篇

菜单 076
建立打劈滚球的自信

合上右脚尖准备好

W效果　菜单-068

目标 提高劈滚球技术的练习。合上右脚尖准备好，学习挥杆中右膝盖的动作方法。

摆出通常的近距离击球的姿势，右脚尖稍稍朝向目标方向。

送杆时右膝盖向左膝盖送出，送杆不要过高。

做 法

① 摆出劈滚球的姿势。

② 合上右脚尖。

③ 击球。

④ 以练习打数的40%为目标进行练习。

要点建议

近距离击球时，身体的重心大部分放在左脚上，重心几乎不移动。但是，如果下半身太固定的话，就会失去节奏感。所以从送杆到击球，右膝盖一边向左膝盖轻轻地送出，腰一边转动，球杆就会流畅地挥出。

NG

右膝盖不要向前探出

下半身活动过度，重心移动太频繁的话，击球瞬间就会不稳定。特别是下杆时右膝盖向前探的话，杆面就会打开，造成失误。

初学者　中级者　高级者
飞行距离　方向性　稳定性
持续性　即效性

W效果　　菜单-078

综合（基础）

练习场

建立打劈起球的自信
打开右脚尖准备好

目标　打出高度，磨炼用转球将球停住的劈起球技能练习。记住利用瞬间击球的重心分配是控制杆面的要领。

日常生活

办公室

摆出容易将球向上打起的姿势后，右脚尖打开30度左右。球的位置为站位的中央。

杆头的入射角变钝角，球会容易向上打。

身体姿势

木杆

做法

①摆出通常准备击球的姿势，打开右脚尖。

②击球。

③以练习打数的40%为目标进行练习。

F W

铁杆

近距离击球

**要点
建议**

从果岭周围开始的近距离击球，90%以上可以用劈滚球和近距离切滚球。劈起球是球在沙坑中或果岭弯曲度较大时使用的，但是像这样的情况不多。

NG

在应该打滚球时不要试图打高球

劈起球可以说是"最后的王牌"。在球低滚动，靠近球洞的时候，如果将球打高，有可能失误。如果非要打高球时，摆出使球高飞的准备姿势，一定要保持左腿固定挥杆。

沙坑

击球

游戏

初学者　中级者　高级者
飞行距离　方向性　稳定性
持续性　即效性

W效果	菜单-070

菜单 **078**

分别打出高球低球
宽站姿与窄站姿的对比

目标 击球时大大改变站姿的幅度来比较击球结果的练习。我们知道，利用对重心高度的控制，改变入射角，就可以控制球的高度。

站姿变窄，重心就会变高，挥杆的轨迹就接近V字形。

站姿变宽，重心就会下拉，挥杆的轨迹就会变得接近U字形。

┌─ **做　法** ─┐

①通常的近距离击球。

②采用宽站姿准备好，击球。

③①和②各练习10球。

宽站姿，重心低，重点是将球向上抬，从球洞的正上方落下，适用于打高吊球。打开球杆面准备好，但是，因为挥杆的轨迹成U形，所以即使挥杆幅度大也很难打出距离来。飞行距离过远，击球就会变缓，出现失误。所以，充分挥杆是要点。

左侧栏目：综合（基础）　练习场　日常生活　办公室　身体姿势　木杆　FW　铁杆　近距离击球　沙坑　击球　游戏

不同球杆的练习方法
沙坑球篇

沙坑球使用沙坑杆击球是基本。
为了能够尽早适应沙子的感觉，推荐大家在沙坑练习场磨炼技术。
因为也有在垫子上练习的方法，这里也会给大家做个介绍。

综合（基础）

练习场

日常生活

办公室

身体姿势

木杆

FW

铁杆

近距离击球

沙坑

击球

游戏

打沙坑球时
注意这里！

不擅长沙坑球的高尔夫球员很多。但是，稍微掌握一点技巧就能摆脱这种烦恼。不要把它想得太难，果断地挥杆吧。

调整站姿。将球靠近站姿中央，双手放在身体的中间。

打开杆面，稍打起薄薄的沙子，就可以流畅地挥杆。

要想一次就能将球打出沙坑，就要打开沙坑杆的杆面，在身体的正面双手握杆。如果摆出右手从上覆盖的握杆姿势，杆面就会立起，击球时杆面前缘就会深深进入到沙子里，不能流畅挥动。为了薄薄地打起一层沙子，充分挥杆，就要打开杆面。

打开杆面，杆头不会插入沙子过深。

如果杆面方正，杆面前缘就会深深插入沙子。

因为沙坑球是唯一可以击中地面的击球，所以击打的目标应该是球前方的沙子。

使球周围的沙子一同向球洞飞去。

考虑击球瞬间沙子的抵抗力，挥杆的幅度要为近距离击球的2～3倍。到球洞15码（13.5米）的话就要预计击出40～50码（36～45米），击球的瞬间不能迟缓，连带球周围的沙子一起打出去。

不要过度上杆（左）和过于锐角入射击球（右）。

综合（基础）
练习场
日常生活
办公室
身体姿势
木杆
FW
铁杆
近距离击球
沙坑
击球
游戏

117

综合（基础）

练习场

日常生活

办公室

身体姿势

木杆

FW

铁杆

近距离击球

沙坑

击球

游戏

初学者	中级者	高级者
飞行距离	方向性	稳定性
持续性	即效性	

W效果　菜单–085

菜单 079

想象练习①

将球放在球梯上击球

目标 即使没有沙子的感觉，球杆在球的下面进入，体会击中地面的感觉。

注意球不要架得太高，在垫子上稍稍浮起就可以了。

打开杆面，击球。

做 法

①用S等较短的橡皮球梯架球。

②摆出沙坑球的姿势。

③击球。

④至少练习20球。

初学者	中级者	高级者
飞行距离	方向性	稳定性
持续性	即效性	

W效果　菜单–083

菜单 080

想象练习②

在垫子上放上面巾纸击球

目标 利用面巾纸，做沙坑击球的练习。与比赛情况接近，能够一边体会比赛紧张感一边挥杆，对提高技术有很大帮助。

将球放置在面巾纸中央稍稍往右的位置。

以击中面巾纸为目的，挥杆。

做 法

①将面巾纸对折。

②在面巾纸的上面放置一个球。

③击打面巾纸。

④至少练习15球。

要点建议 仅仅打开杆面，使用杆头反弹角自然地打到地面。用垫子练习时也是，怀着使根部在垫子的上面流畅的意识是要点。因为不能直接击球，不考虑特别的击球，尽量使用与通常同样的挥杆。

初学者　中级者　**高级者**

飞行距离　方向性　稳定性

持续性　即效性

综合（基础）

练习场

日常生活

办公室

身体姿势

木杆

F W

铁杆

近距离击球

沙坑

击球

游戏

菜单
081

想象练习③
将两个垫子错开、重叠练习击球

W效果　菜单—088

目标 ▷▷▷ 如果垫子可拆卸，就可以进行的练习。制造与站位垫子的高低差，在垫子的下面设置一个空间，击球感觉很真实。

在垫子下放两个球，就能在站位与垫子之间产生高低平面差。

用球杆底部打敲垫子，是击球的技巧。

做　法

①在垫子的下面放置4个球，制造出高低差。

②准备击球。

③至少练习20球。

要点建议　这个练习的要点是球杆底部像敲击垫子那样。翻转杆头反弹角，在这个趋势下杆头流畅击出。当球杆打到垫子上，发出"呼"的一声时，就像击飞沙子的感觉。如果用杆面前缘打到地面会发出闷响，会堵住瞬间击球，杆头无法顺利击出。

初学者　中级者　高级者
飞行距离　方向性　稳定性
持续性　即效性

W效果　菜单-083

菜单 086 记住杆底的使用方法
改变杆面的打开状态击球

目标 改变沙坑杆的杆面打开角度击球的比较练习。磨炼观测球洞的距离和沙坑边缘的高度、沙质等，来调节打击力度。

一遮住杆面，球就会低飞出去，飞行距离就会变大。

通常的沙坑球，杆面轻轻打开即可。

打开杆面的话球容易向上飞，飞行距离就会变小。

做 法

① 正常的准备姿势击球。

② 杆面较通常多覆盖一些，准备好击球。

③ 杆面较通常的打开一些，准备好击球。

④ 从①到②反复练习。

⑤ 至少练习20球。

要点建议 惯于打开杆面击球的球员，可以适应沙坑边缘高、球洞近、沙子软等状况。击球准备方正的球员可适应沙坑边缘低、球洞远、雨后沙子硬等状况。球在沙坑的话，覆盖杆面封闭仅从上锐角打进就能将球击出。还可自行进行各种各样的尝试以加速提高。

综合（基础）
练习场
日常生活
办公室
身体姿势
木杆
FW
铁杆
近距离击球
沙坑
击球
游戏

菜单
087

了解可以将球击出沙坑的挥杆幅度
改变挥杆大小击球

初学者	中级者	高级者
飞行距离	方向性	稳定性
持续性	即效性	

| W效果 | 菜单—084 |

目标 确定怎样的幅度挥杆击球，才能顺利将球击出沙坑的击球练习。帮你找到能恰好打飞沙子，又没有阻力的挥杆幅度。

综合（基础）

练习场

日常生活

办公室

身体姿势

木杆

F
W

铁杆

近距离击球

沙坑

击球

游戏

上杆时不要忘记左肩的充分扭转。

最初在与左腰平齐的高度停住球杆。

一边大幅度送杆，一边确认沙子飞出的变化。

做　法

①最初，以通常的挥杆幅度击球。

②挥杆幅度渐渐增大。

③最后全挥杆时多多击打。

④至少练习20球。

**要点
建议**

上杆不变，送杆幅度一点一点升高。增加杆头的速度，用反弹角敲沙子打出干脆的声音，沙子散开。很擅长沙坑球的人，送杆比上杆幅度大。

NG

击球后没有送杆

多数不擅长沙坑球的人通常是上杆幅度很大，但在击球后没有送杆，这是因为下杆时上身降低所致。

菜单 **088** 固定杆头入射角
竭尽全力将沙子向远处击出

初学者	中级者	高级者
飞行距离	方向性	稳定性
持续性	即效性	

W效果	菜单-086

目标 根据沙子飞出的方向，感受杆头入射角和挥杆轨迹改变的练习。对沙坑球有误解的人，做过这个练习后会恍然大悟。

两手不要用力，利用杆头的重量挥杆。

检查杆头切入时的沙子声音和散开的情况。

做 法

①不要打开杆面，准备好。

②全挥杆时，尽量将沙子远远击出。

③至少练习20次。

要点建议 沙坑球的基础是打开杆面，摆出开放式站姿，向内击球。但是，这个是沙坑边缘较低时和果岭较小时的方法。现在，因为果岭大，沙坑边缘较高，所以只要轻轻打开杆面，尽可能摆出方正的站姿击球就可以了。使沙子远远的飞出才是现在挥杆的关键。

不同球杆的练习方法
推杆篇

大约40%的得分是由推杆产生的。14根球杆中，使用频率最高的就是推杆，所以对推杆的掌握将对你的得分有很大影响。不能轻视推杆，尽量多练习，多积累经验是非常重要的。

综合（基础）

练习场

日常生活

办公室

身体姿势

木杆

FW

铁杆

近距离击球

沙坑

击球

游戏

推杆
注意这里！

推杆的关键是理解正确的转动方法，提高球进洞的概率。

从贴近地面的地方将球投出，让球转动着滚出。

从低处击球

球的转动很好，沿着预想路线前进。球滚动的速度均匀，最后似停非停。这是推杆的理想状态。因此，要找到投球的感觉，使球从较低的位置滚出。

身体正对着球洞，带着从低处投球的感觉挥动推杆。身体与目标线平行时（上右）也要在同样的动作下挥动推杆。

BAD球——从高位投球的话，转动就变得很差。这样击球的高尔夫球员很多。

综合（基础）

练习场

日常生活

办公室

身体姿势

木杆

FW

铁杆

近距离击球

沙坑

击球

游戏

固定双手手腕，转动肩膀一击。双肩，双臂，双手，推杆时动作协调。

挥动幅度大，就会变成U形轨迹，导致击球缓慢。但是挥动幅度小时，就有几乎与地面平行活动的感觉。

在与果岭面接近平行的轨迹下推杆。

下面投球的感觉是推杆杆头尽量在与果岭面接近平行的轨迹下活动。有这样的意识的话，肩和手臂，推杆合为一体，在等速度下，可以像钟摆那样一击。球从上面像压上那样的一击下，转动不稳定，进洞的概率也低。

BAD球从上面击球的话，球即使飞出也不会长时间转动。

初学者　中级者　高级者
飞行距离　方向性　稳定性
持续性　即效性

W效果　　菜单-090

菜单 089 稳定击球轨迹
平行摆放两支球杆，推球练习

目标 学习正确推杆击球的基本练习。与目标线平行，活动杆头时，同时检查肩、腰和站位方向。

推杆的杆头在两根球杆的中间径直拉开。身体的朝向是否与目标线平行也可以很容易地确认出来。

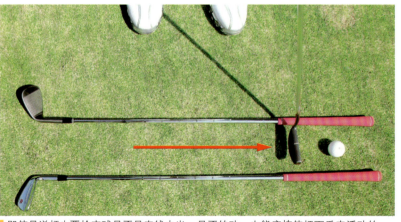

即使是送杆也要检查球是否是直线击出，是否转动。也能磨炼使杆面垂直活动的感觉。

做法

①选择一条直线，将两根球杆与这条直线平行摆好。

②将球放置在两支球杆的中间，击球。

③至少练习20球。

要点建议 这个练习要选择一条直线。如果推杆过于用力，杆头运动就会变成轻微的由内向内，所以最好在近似直线的轨道上将球推出5米左右。两根球杆之间的间隔比推杆杆头宽些，15厘米左右最好。水平高者可以更窄一些，便于掌握精度更高的击球。

综合（基础）练习场 日常生活 办公室 身体姿势 木杆 FW 铁杆 近距离击球 沙坑 击球 游戏

初学者　中级者　高级者
飞行距离　方向性　稳定性
持续性　即效性

综合（基础）
练习场
日常生活
办公室
身体姿势
木杆
F W
铁杆
近距离击球
沙坑
击球
游戏

菜单 **090**

击中杆面的最佳着力点
在杆面上贴上东西击球

W效果　菜单–089

在推杆的杆面上贴上点东西，让球只能碰到杆面中心点的练习。最大的目的是提高命中率。

将两根切短的方便筷子用透明胶贴在杆面上。

使方便筷子的间隔窄一些，让球只能碰到杆面的中心点。

检查球的转动。球一碰到方便筷子，就不能径直转动。

做　法

① 准备一个方便筷子，将它切短，贴在杆面上。

② 击球。

③ 至少练习20球。

要点建议

为了击中杆面的最佳着力点，要好好保持击球准备时的视线。如果向上看，就会偏离杆面的最佳着力点，球的转动就失去稳定。击球瞬间时眼睛不要向球洞看，击球准备时双眼的位置直到击球瞬间都不要动，前倾姿势也要保持直到球进洞。

综合（基础）

练习场

日常生活

办公室

身体姿势

木杆

FW

铁杆

近距离击球

沙坑

击球

游戏

菜单
091

控制距离感
用装有少量水的塑料瓶进行练习

初学者　中级者　高级者
飞行距离　方向性　稳定性
持续性　即效性

W效果　　菜单–089

目标 只有推杆需要比较精确地掌控击球距离。用塑料瓶作目标，培养自己控制距离的能力。

以让球轻轻碰到瓶子为目标击球。

做　法

① 准备一个500毫升大小的塑料瓶。

② 装入1/5的水。

③ 将塑料瓶放在3～4米远的地方。

④ 滚动击球。

⑤ 至少练习30球。

要点建议 即使轨迹很正确，没有碰触到瓶子的话，球就会脱离这条线。在练习果岭，以前方5米处的球洞为目标，不要碰到球洞前面的边沿，使球入洞。通过练习可以掌握适合自己的距离感，减少推球的失误。

NG **不要让塑料瓶倒下**

如果不适度用力击球，塑料瓶会被打倒，这是不对的。因为，如果在实战中，这种力度会使球碰到球洞内壁反弹出来，与大大超出球洞的效果是一样的。

初学者	中级者	高级者
飞行距离	方向性	稳定性
持续性	即效性	

W效果	菜单-091

菜单 092

手眼配合练习
一直看着球洞击球

目标 视觉和击球相配合的练习。磨炼推杆中不可缺少的直觉。

从上杆到送杆，眼睛一直看着球洞。

做 法

①准备击球，仍然看着球洞，然后摆杆。

②仍然看着球洞，击球。

③以练习打数的50%为目标进行练习。

初学者	中级者	高级者
飞行距离	方向性	稳定性
持续性	即效性	

W效果	菜单-089

菜单 093

感受杆面垂直的感觉
仅在送杆时滚动

目标 不上杆而直接送杆的练习。对于短打球时滚动较差的人最适合。

击球后准备直接送杆，杆面直着出去。

做 法

①准备击球。

②不要后摆杆，杆面下压使球滚动。

③以练习打数的50%为目标进行练习。

要点建议

击球的速度尽量不变。看好后击球是很重要的，但是，经常有因为过于关注导致击球瞬间突然变快，用力过猛的情况。这样就无法稳定，容易改变杆面的朝向，距离感也无法一致。用视觉去感受球洞的距离感。送杆时，杆面垂直。

综合（基础）

练习场

日常生活

办公室

身体姿势

木杆

F W

铁杆

近距离击球

沙坑

击球

游戏

综合（基础）
练习场
日常生活
办公室
身体姿势
木杆
FW
铁杆
近距离击球
沙坑
击球
游戏

初学者 中级者 高级者
飞行距离 方向性 稳定性
持续性 即效性
W效果 　菜单-091

菜单 094

学习两手的一体感
单手击球使球滚动

目标 左手和右手反复交替击球，消去左右手臂活动的凌乱的练习。可以稳定方向性，提高进洞率。

保持右手腕的角度，用右手手掌一边感觉杆面一边击球。

用左手击球时也是，要注意不要改变左手腕的角度。

做 法

① 仅用右手持推杆，击球。

② 仅用左手持推杆，击球。

③ 最后用两手握杆击球。

④ ①~③至少练习20次。

要点建议 单手持推杆的话可以感受球杆的重量。强行挥杆的话很难控制它的活动，所以，一边感受它的重量一边轻轻地击球。保持手臂的角度和手腕的角度击球，送杆结束时，可双手握杆。

不要改变手臂的角度

右手打和左手打都是一样，在击球中改变手腕的角度的话，杆面就不能保持垂直。试着用另一只手辅助就会变成不自然的姿势。

初学者　中级者　**高级者**

飞行距离　方向性　稳定性

持续性　即效性

W效果　　菜单-099

菜单 095

学习使用身体击球
两手戴上滑雪手套

目标 排除手部无用的活动，掌握使用身体的肌肉力量击球的练习。

使用滑雪用的手套。

因为没有了手部感觉，所以可以感受到使用腹肌和背肌等身体躯干的扭转来击球。

做 法

① 两手戴上滑雪手套。

② 击球。

③ 以练习打数的60%为目标进行练习。

初学者　中级者　高级者

飞行距离　**方向性**　稳定性

持续性　即效性

W效果　　菜单-091

菜单 096

击打点的稳定感
用沙坑杆的刃击球

目标 适应于易向上看，下杆时右肩往前出，击打点不固定的人。对于培养集中力也很有效果。

杆底的边缘悬起至球正中间的高度。

正确击打球，正好碰到球中径的部分。

做 法

① 准备好沙坑杆。

② 轻轻一击，用杆面击球。

③ 以练习打数的60%为目标进行练习。

要点建议

推杆与沙坑击球相比，挥动幅度变得小很多。仅仅用手的活动来操作的话会使杆面朝向和击打点混乱。像推球那样的小动作也不使用手部力量，利用身体的转动，挥动推杆，有意识地扭转躯干，体会肩和手臂的一体击球，可以提高瞬间击球的稳定感。

综合（基础）
练习场
日常生活
办公室
身体姿势
木杆
FW
铁杆
近距离击球
沙坑
击球
游戏

初学者	中级者	高级者
飞行距离	方向性	稳定性
持续性	即效性	

菜单
097

节奏的确认
用右手的手指尖捏住推杆握杆

| W效果 | 菜单-091 |

目标 适合那些推杆方向不稳定的人的练习。因为很容易感受到推杆杆头的重量，所以可以在一定的节奏下轻轻一击。

┌ **做 法** ┐

① 仅左手像通常那样握杆，用右手手指捏住握柄。

② 准备，击球。

③ 以练习打数的60%为目标进行练习。

右手的大拇指和食指捏住握柄，握杆。

瞬间击球时不要关闭杆面，稳定方向。

要点建议
右手仅用两根手指握杆，以左手为主导挥杆，稳定轻击的平衡感和节奏。左手臂的角度不变，充分确认推杆的感觉。

NG
急于击球会失去节奏感

下杆时碰到球的话，推杆的平衡和节奏就会改变。所谓过急击球，就是改变左手臂的角度，节奏混乱，引发错误的推球。对于那些击球时猛击的人和不擅长降低推杆的人，这个练习有立竿见影的效果。

初学者	中级者	高级者
飞行距离	方向性	稳定性
持续性	即效性	

菜单
098

体会流畅的推动
在球与杆头之间放一枚硬币

W效果　　菜单-095

目标　利用硬币和标识球的练习。硬币放置位置不同，效果也会不同。这是体会推杆感觉的练习。

紧贴着球放置一枚硬币，杆面稍稍离开球，准备好。

做　法

①在球前放置一枚硬币，准备击球。

②击球。

③以练习打数的70%为目标进行练习。

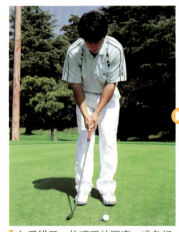

向后错开一枚硬币的距离，准备好，流畅地推杆。

要点建议　对于送杆时推杆杆头出不来的人和想稳定短推杆的人很有效。最初，先从2~3米的距离开始练习。需要注意的是球的位置。根据使用的推杆，球的位置会有所变化，但是，要以左腋的前面为基准，球不要离身体太远，放在靠近左眼正下方的地方。

不同球杆的练习方法·推杆篇

初学者　中级者　高级者
飞行距离　**方向性**　稳定性
持续性　**即效性**

W效果	菜单-091

菜单 **099**

击球时再现杆面斜角
在球前5厘米处放置硬币

目标 ▷ 在球前放置硬币击球的练习。通过推杆的杆面斜角击球，实现长推杆。对于长推球很有效。

在球前面5厘米处放置硬币，使球滚动5～10米。

将球击起，使球越过硬币再向前滚。

做　法

① 在球前面5厘米的目标线上放置硬币。

② 击球。

③ 以练习打数的60%为目标进行练习。

 要点建议 推杆最初可以看到球的滚动，但是，因为推杆也有2～4度的杆面斜角，所以，球稍稍飞起一点，着地之后顺回转滚动。长距离推杆想统一距离感时，这么做一定很有效。

 NG **不要下压击球**

想打出距离，从上面下压杆面猛击的话，就不会出现杆面斜角。变得不稳定，就会大大偏离目标线。

菜单 100

稳定挥杆幅度

在球的两侧对称放两枚硬币

目标 ▷ 使用两枚硬币的练习。可以掌握将球放在两枚硬币之间用钟摆那样的节奏轻推。

不要把硬币放在目标线上，错开，在与目标线平行的位置上间隔30厘米放置最好。

做 法

①在球前方和后方30厘米处放置硬币。

②击球。

③以练习打数的60%为目标进行练习。

上杆到硬币的位置，击球后到另一枚硬币的位置停住。

要点建议 用两枚硬币做定位，推杆杆头像钟摆那样左右对称挥动。上杆时要慢慢的，下落时逐渐加速。实际上速度有所变化，这是因杆头的重量而决定的。挥杆推球时也是，不要想自己调整速度，两手感觉推杆杆头的重量，等速轻击。

综合（基础）

练习场

日常生活

办公室

身体姿势

木杆

FW

铁杆

近距离击球

沙坑

击球

游戏

综合（基础）

练习场

日常生活

办公室

身体姿势

木杆

FW

铁杆

近距离击球

沙坑

击球

游戏

不同球杆的练习方法·推杆篇

初学者	中级者	高级者
飞行距离	方向性	稳定性
持续性	即效性	

W效果　菜单-090

菜单 101

方向的稳定
用两枚硬币摆出5厘米宽的门

目标 稳定击球方向的练习。对于经常将球击出线的人很有效果。

用两枚硬币做出5厘米的门，让球从这个间隔通过。

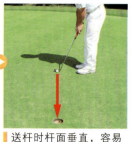
送杆时杆面垂直，容易击出。

做　法

①在球前面的5厘米处用两枚硬币做出一个门。

②击球。

③以练习打数的80%为目标进行练习。

不同球杆的练习方法·推杆篇

初学者	中级者	高级者
飞行距离	方向性	稳定性
持续性	即效性	

W效果　菜单-093

菜单 102

建立短推杆的自信
用两枚硬币缩窄球洞

目标 对于提高短推杆能力很有用的练习。缩窄球通过的道路，集中击球。

在球洞前摆放两枚硬币。

向球洞的中央击球，掌握球准确入洞的能力。

做　法

①在球洞的跟前用两枚硬币做一个门。

②击球。

③以练习打数的80%为目标进行练习。

要点建议 在练习中为了能正确击球，设想一条细线，但是在实战中要假设一条粗线。球洞的直径为10.8厘米，想象一个与球洞宽度差不多宽的线，推杆能变得通畅。想成一条细线的话，眼前的压力过大，击球容易偏离目标线。

综合（基础）

练习场

日常生活

办公室

身体姿势

木杆

F W

铁杆

近距离击球

沙坑

击球

游戏

初学者	中级者	高级者
飞行距离	方向性	稳定性
持续性	即效性	

菜单 103

记住目标线的阅读和手眼配合的方法

在果岭上拉一条绳推杆练习

W效果　菜单-102

目标　在练习果岭上拉一绳，磨炼阅读目标线和手眼配合感觉的练习，是对提高实战技巧最有效的练习。

为了使推杆可以挥动，将绳系在果岭以上10厘米的高度，绳的长度在4～5米以内。

目标线发生左右弯曲时，朝向击出的方向拉上绳，配合碰撞使球进洞。为了使目标线变窄，最好用硬币等东西做一个门。

做　法

① 准备两根方便筷子扯住绳子。

② 对准球洞沿着直直的线拉开绳子。

③ 让球沿着绳子滚动。

④ 目标线弯曲时，沿击球方向拉一根绳子。

⑤ 沿着绳子方向击球。

⑥ 尽量多多练习。

要点建议　关闭推杆杆头，球就不会弯曲。在直线上球径直滚动。这也就是推杆球最终的目标。即使是右曲球线和左曲球线，也可对应假设的球洞，以这个为目标径直击出。曲线和直线的打法一样。

短评栏②

用右手从上覆盖的握杆方法击球，能提高球向前飞出的距离

用1号木杆击球，击球角度抬高，减少旋转，最大的飞行距离得到延伸。

但是，单纯只将球向高处抬，飞行距离是不会延伸的。很多业余的高尔夫爱好者因为用杆面的下部击球，所以旋转量增多。这是因为想把球抬高，下杆以后，重心没落在左脚，而是落在了右脚上。对于想打出较远飞行距离，用杆面的得力点稍向上一点的部位接触球才是技巧。为此，用右手从上覆盖握杆来击球是必须的。因此，用劈起杆和9号铁杆等，在建立球杆的杆面斜角来击球的练习中，即使是1号木杆，也不是"向上飞出"，只能"向前飞出"。即使这样，飞行距离也会有大大的变化。

竭尽全力抡起1号木杆，比起提高杆头的速度，杆头的入射角和瞬间击球的杆面斜角对飞行的影响更大。想要挥动短铁杆那样的球杆与速度无关，使用杆面斜角影响距离的球杆很有效。

右手从上覆盖的握杆，瞬间击球，碰触到杆面的上部的话，球的旋转量会适合，也很难受风的影响，产生很强的球。木杆头全盛的时代，球低出，中途突然上升曾经被称为飞球，但是现在，在高击出角度，飞行距离像山那样不断延伸的球可以飞出最远的飞行距离。

这个击球的感觉，可以提高铁杆的平均飞行距离，对于提高精度也有一定效果，可谓一石二鸟。

在家里也可以做的练习方法

练习高尔夫，不只局限于在城市的练习场。在自己家的屋子里等室内场所，只要用心，也可以进行各种各样的练习。主要是以近距离击球，推杆，击球技巧为中心，只要经常练习，都能使球技得到很大的提高。

综合（基础）
练习场
日常生活
办公室
身体姿势
木杆
FW
铁杆
近距离击球
沙坑
击球
游戏

初学者　中级者　高级者
飞行距离　方向性　稳定性
持续性　即效性

W效果　　菜单-116

菜单 104 利用高低平面差练习空挥杆

目标　利用自家的门口周围和有高低平面的地方，立脚点不自由的场所，练习空挥杆。

保持两膝盖的柔软性，不要改变上身的前倾角度，挥动手臂是要点。

做法

① 站在马路边缘等的上面，摆出准备击球的姿势。

② 保持平衡，挥动手臂。

③ 习惯后加速手臂的挥动。

④ 反复30次。

要点建议　没有马路边缘的话，准备两个小一点儿的靠垫，双脚踩在上面，摆出击球准备的姿势，空挥杆。保持两个膝盖的角度，保持前后左右的平衡是要点。不可进行失去平衡程度的快速挥杆，即使快速挥杆也要锻炼下半身的承受力才行。这个练习对斜坡击球也有效果。

菜单
105
利用镜子练习击球准备

初学者　中级者　高级者
飞行距离　方向性　稳定性
持续性　即效性

W效果	无

目标　利用镜子，检查击球准备姿势的练习。看着镜子练习，可以随时观察自己的动作，比空挥杆更有效果。

两手合并之后，右手向下错开一些，摆好姿势。

两脚叉开肩宽左右的距离，立直站好。

两膝盖轻轻弯屈。

两臂自然下垂，摆出击球准备姿势。

做　法

① 站在镜子前面，不用拿球杆，摆出击球准备姿势。

② 侧面姿势也照一照，确认姿势。

③ 尽量多多练习。

要点 建议　从镜子的正面看时，首先两手的手掌合并，肩膀保持水平，然后右手下降至左手心一半的位置，右肩稍稍降低。在这个位置两手握杆的话，可以摆出很好的平衡姿势。确认两手在左大腿的前方。

NG　不要抬起身子看镜子

在镜子中检查姿势和挥杆时，有些人立起上身看。这样就会记住错误的姿势，所以要只抬眼看镜子，不要起身。

综合（基础）

练习场

日常生活

办公室

身体姿势

木杆

FW

铁杆

近距离击球

沙坑

击球

游戏

菜单
106
利用墙壁进行瞄准练习

初学者　中级者　高级者
飞行距离　方向性　稳定性
持续性　即效性

W效果　　菜单–120

目标 头顶着墙的徒手练习。适合上杆和下杆时头上下移动，容易改变前倾角度的人。

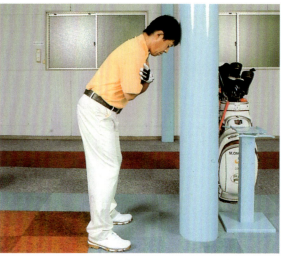

如果没有墙，也可以用柱子练习。额头顶在墙上，摆出前倾的姿势。

做法

① 站在墙的前面。

② 双臂在胸前交叉，头贴在墙上。

③ 身体左右转动。

④ 反复20次。

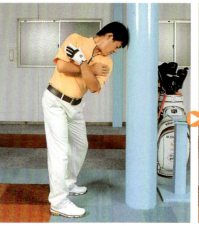

额头与脊椎不动，到挥杆顶点和挥杆结束位置，身体尽量转动。

要点建议

挥杆轴是脊椎和颈部，所以，击球时，只要稍稍活动身体就可流畅地转动。

这个练习的目的是与额头一起，挥杆轴也保持在准备击球的位置，保持前倾的姿势，学习身体左右转动的感觉。挥动手臂与前倾角度的偏差很难被注意到，但是，两手交叉在一起，只转动身体，那么马上就能明白。

初学者　中级者　高级者

飞行距离　方向性　稳定性

持续性　即效性

W效果　　菜单-112

综合（基础）

练习场

日常生活

办公室

身体姿势

木杆

F W

铁杆

近距离击球

沙坑

击球

游戏

利用柱子进行上杆的练习

目标 利用柱子，抓住上杆启动感觉的练习。利用全身挥动球杆，身体的重心稳稳地落在右脚的感觉就会非常清晰。

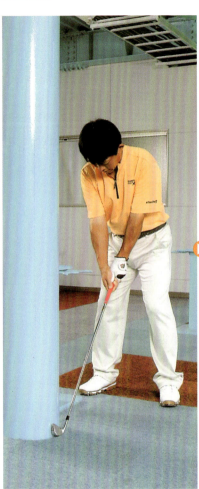

使用6号铁杆，杆头背面贴着柱子。

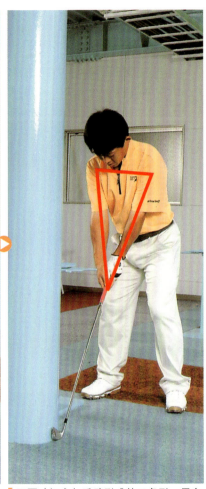

不要破坏肩与手臂形成的三角形，用全身下压的力量上杆。

做 法

① 杆头背面贴着柱子，准备击球。

② 球杆一边向柱子摆，一边想象上杆启动。

③ 反复20次。

要点建议 上杆的启动不仅仅取决于手指的活动。不是杆头的活动，而是要感觉左肩、左臂和球杆的一体感，在这种感觉下杆头向目标线的后方拉。这样重心会稳稳地落在右脚。我们经常说"扭转左肩"，做这样的练习就可以实际感受到腹肌和背肌等的扭转。

综合（基础）

练习场

日常生活

办公室

身体姿势

木杆

FW

铁杆

近距离击球

沙坑

击球

游戏

在家里也可以做的练习方法

菜单 108

利用柱子进行击球的练习

初学者	中级者	高级者
飞行距离	**方向性**	稳定性
持续性	**即效性**	

| W效果 | 菜单-113 |

目标 选择有柱子的场所，使用6号铁杆，感觉用身体推的瞬间击球的练习。即使不击球，也能抓住击球的窍门。

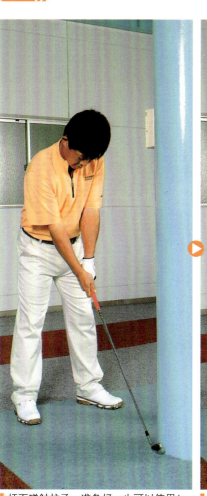

杆面碰触柱子，准备好。也可以使用1号木杆。

腰向左扭，重心放在左脚上，用全身的力量推杆面。

做 法

① 杆面碰触柱子，摆出击球准备的姿势。

② 腰向左扭推杆面。

③ 反复20次。

要点建议 为了使球飞出，瞬间击球要朝着目标径直传达力量。即使是使用1号木杆，用右手从上覆盖握杆，如果可以打出杆面径直推出那样的击球，球就会打在杆面稍向上的地方，在适合的击出角和旋转量的作用下会产生最大的飞行距离。如果想抬高球而击中杆面的下方，飞行距离就不会延伸。

148

初学者　中级者　高级者
飞行距离　方向性　稳定性
持续性　即效性

W效果　菜单–108

综合（基础）

菜单
109

利用柱子进行下杆的启动练习

目标 记住左腰重量移动的练习。适合返回过快的人和下杆后重心不能落在左脚的人。

左脚贴着柱子上，瞄准后，上扬杆至顶点。

手和球杆保持在顶点位置，左腰碰触柱子。

根据左下半身引导，可以做出正确的瞬间击球。

做 法

①站在柱子右侧，准备好，摆出挥杆顶点姿势。

②下杆，瞬间击球后停止。

③反复20次。

要点
建议

在下杆启动时，首先一边将左膝盖还原至准备击球的位置，一边将腰向目标方向做直线运动。这样重心就会稳稳地落在左腿，球杆依靠挥动下落，作为一下子使其加速的准备。但是，左腰不能向目标方向过度移动。

重心不能留在右脚

在顶点位置腰一转动，左腰就不能碰触到柱子，身体重心就不会落到左脚，于是，身体就会以右脚为轴转动，球杆就不能在正确的轨迹上下降。

练习场

日常生活

办公室

身体姿势

木杆

F W

铁杆

近距离击球

沙坑

击球

游戏

综合（基础）

练习场

日常生活

办公室

身体姿势

木杆

FW

铁杆

近距离击球

沙坑

击球

游戏

在家里也可以做的练习方法

菜单
110

用报纸做的圆球进行 近距离切球练习

W效果　　菜单-114

目标 在自己家中，因为连近距离切球也是有危险的，所以可以用报纸做成的圆球代替高尔夫球来进行练习。享受真实击球的感觉。

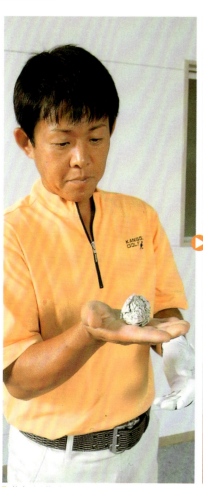

将报纸裁成四分之一大小，做一个规矩的圆球。

在地毯上进行练习。下面垫上手巾更好。

做　法

①用报纸做一个小圆球。

②用沙坑杆击球。

③至少练习30球。

要点建议 用报纸做小圆球时，不要只是简单的做个圆球，要做出中心的芯，在芯的周围一点点将芯抱起来。实际试着击球时就会明白，感觉很真实。使用沙坑杆，请检查在通过杆面斜角时球飞不飞。用乒乓球代替报纸圆球的话，效果更好。

综合（基础）
练习场
日常生活
办公室
身体姿势
木杆
F W
铁杆
近距离击球
沙坑
击球
游戏

菜单 111 将垫子垫在下面进行挥杆练习

目标 利用垫子，进行近距离切球和沙坑球的击球练习。使用报纸做的球和与高尔夫球大小相当的塑料球、乒乓球等都可以。

<注>图片中用的是真正的高尔夫球，但可以使用塑料球或乒乓球。

做　法

① 将球放置在薄垫子的上面。

② 用沙坑杆滚球。

③ 用沙坑杆抬球。

④ ②和③各练习15球。

打开沙坑杆准备好的话，也能进行沙坑球的模拟练习。

用杆底击打垫子，球就会以近乎垂直地面的角度向上飞起。

近距离切球时，垫子几乎不动。

 要点 建议

垫上垫子击球，可以感受到近距离击球的杆头的甩动感。即使打到一些球前的草坪，球也不会飞出去，所以即使不喜欢也要认真练习。另外，打开杆面准备好，用打沙坑球的感觉下击球，垫子会大大地弹起，杆面前头弹回，抓住瞬间击球的抵抗感。

151

在家里也可以做的练习方法

菜单 112　在球杆后面放个垫子

初学者	中级者	高级者
飞行距离	方向性	稳定性
持续性	即效性	

| W效果 | 菜单-107 |

目标 在后方活用垫子，记住上杆启动的窍门和时机的练习。

选择小一点，轻一点的垫子比较好。

利用全身力量使垫子活动。

以这个姿势上杆。

做　法

①将垫子放置在杆头的后方，准备击球。

②垫子向后飞出，上杆。

③反复20次。

在家里也可以做的练习方法

菜单 113　将垫子放在球杆的前面

初学者	中级者	高级者
飞行距离	方向性	稳定性
持续性	即效性	

| W效果 | 菜单-108 |

目标 将垫子放置在前面，记住送杆动作的练习。身体可以感受到高能效的击球。

为了球杆的安全，最多只能用到6号铁杆。

全身一边向左扭转，一边推垫子。

以这个姿势送杆，拉开。

做　法

①将垫子放置在杆头的前面，准备击球。

②使垫子向前飞出，送杆。

③反复20次。

要点建议 从准备击球的姿势，向上杆的方向和送杆的方向打出杆头的练习，但是，仅活动手指，垫子是不会飞出去的。上杆在身体的左侧要有向目标线的后方推的感觉，击球后，送杆在身体的右侧要有向目标线方向径直推的感觉。为了发挥最大的力量，身体中心转移的感觉非常重要。

菜单 114 将水桶放置在旁边进行近距离切球练习

W效果　菜单-110

目标 准备一个塑料水桶和浴巾，磨炼近距离滚动球的距离感的练习。使用球场用球，但用浴巾可以隔离声音，所以可以放心练习。

将水桶放置在1~2米外，将浴巾的一部分放在下面，使入口处形成一个角度。

做　法

① 将浴巾放入水桶中，倒放。

② 使用球场用球，击入水桶中。

③ 至少练习20球。

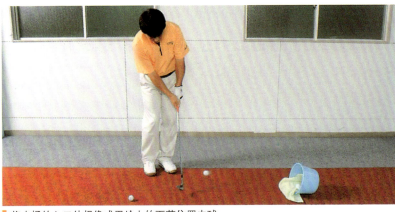

将水桶的入口处想像成果岭上的下落位置击球。

要点建议 如果球停在果岭边上，尽量打低滚球。对于配合距离感，在果岭边的最前沿，剩下的距离用球程填补。使用水桶，对击出一些飞行距离是有帮助的。

 NG 飞行距离不要太远

打低滚球时，因为击球时杆面几乎垂直，所以飞行距离太过，就会大大超出球洞。以水桶的入口作为球落下的位置，确定位置后击球。

综合（基础）

练习场

日常生活

办公室

身体姿势

木杆

FW

铁杆

近距离击球

沙坑

击球

游戏

在家里也可以做的练习方法

菜单 115 使用推杆毯进行近距离切球练习

目标 利用推杆毯小幅度挥杆击球，有近距离切球距离感的练习。对提高小幅度挥杆的精度有很好的效果。

不以球洞为目标直接送入，而是在球洞前的1米处落下滚动进入洞。

做　法

① 在推杆毯的一端铺上手巾，将球放置在手巾上。

② 使用沙坑杆，小幅度挥杆将球送入球穴。

③ 至少练习20球。

要点建议 这个练习比用水桶的练习更能有效缩短球的滚动距离。如果距离球洞有2米，让球飞行1米，滚动1米比较理想，也可以再多滚动50厘米。将手巾折成两层铺好，这样击球的感觉更接近草坪。有助于学习杆头正确切入的窍门。

在家里也可以做的练习方法

菜单
116

坐在凳子上不动的挥杆练习

初学者	中级者	高级者
飞行距离	方向性	稳定性
持续性	即效性	

W效果	菜单-104

目标 球杆与地面平行，在击球点前后50厘米范围活动的练习。如果同时进行杆面的开闭练习，可以抓住挥杆的感觉。

杆面在胸或脸左右的高度拿好。

杆面保持直角，向右动50厘米左右。

保持直角面不变向左动1米。

做　法

①手持劈起杆等短球杆，在凳子上坐好。

②水平高度拿好球杆，不改变杆面，左右活动。

③在球杆水平的高度，一边转动手臂一边左右活动。

④②和③各练习10次。

打开杆面时，不要改变杆头的高度。

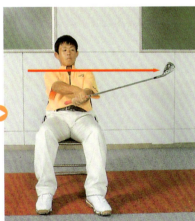

打开的杆面转动180度，返回，进入送杆。

要点
建议

保持球杆水平的高度是为了一边感受球杆重量，一边控制杆面。特别是用左手的小拇指、无名指、中指这3根手指感觉球杆的重量，在击球点的前后50厘米水平活动。利用手臂的扭动，杆头的运动量就会变大。两方面并行来调节自己的感受性，可掌握在击球范围使用杆面的技巧。

综合（基础）

练习场

日常生活

办公室

身体姿势

木杆

F W

铁杆

近距离击球

沙坑

击球

游戏

155

综合（基础）

练习场

日常生活

办公室

身体姿势

木杆

F W

铁杆

近距离击球

沙坑

击球

游戏

在家里也可以做的练习方法

初学者	中级者	高级者
飞行距离	方向性	稳定性
持续性	即效性

W效果　菜单-089

菜单 117 利用拉门滑道的击球练习

目标 活用拉门的滑道，检查推杆轨迹的练习。球滚动也无妨。

球在滑道上直线滚动的话，证明是直角击球。

做 法

①在滑道正上方摆好推杆杆头，准备。

②推杆杆头沿着滑道径直活动。

③反复20次。

在家里也可以做的练习方法

初学者	中级者	高级者
飞行距离	方向性	稳定性
持续性	即效性

W效果　菜单-122

菜单 118 同时击打两个球

目标 使用两个球的击球练习。确认击球瞬间的杆面朝向是否正确。

杆面垂直摆好，两个球并排摆放。

正确击球的话，两个球是一前一后的，但都向同一方向滚动。

做 法

①摆放好两个球，准备击球。

②两个球一起击打。

③反复练习10次。

要点建议

菜单117是检查杆面朝向和击球瞬间强弱的练习。即使在实战中，也要想象球在滑道上的轨迹上流畅滚动的画面，击球也就会变得很流畅。菜单118重点是击打的感觉。送杆时使杆面成直角出去，推杆会有飞跃。

菜单 119

在2米外停住的练习

初学者　中级者　高级者

飞行距离　方向性　稳定性

持续性　即效性

W效果　菜单–117

目标 在地毯等上面放上目标物，让球在目标前方停住的练习。比起控制距离，掌握调节碰撞的技巧更重要。

用饮料瓶或烟盒作目标也可以。

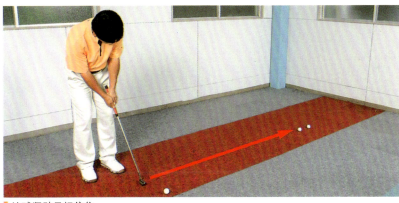

让球紧贴目标停住。

做　法

①在2米外放置一个球。

②使被击打的球在目标球的前面停住。

③练习30球。

 要点建议 如果挥杆节奏不好，很难碰准，所以要像钟摆那样有一定节奏地挥杆。有过猛击球倾向的人，用这个练习很有效。在比赛开始之前，也可以多多进行在球洞跟前停住球的练习。

 击球瞬间不能减速

调节碰撞不能靠调整击球瞬间速度。放松握杆，推杆杆头减速就会出现错误击球，推杆距离就会变短。根据滚动距离确定推杆力度，掌握手眼配合才是关键。

综合（基础）

练习场

日常生活

办公室

身体姿势

木杆

F W

铁杆

近距离击球

沙坑

击球

游戏

综合（基础）
练习场
日常生活
办公室
身体姿势
木杆
FW
铁杆
近距离击球
沙坑
击球
游戏

在家里也可以做的练习方法

菜单 120 杆头趾部碰触墙壁空抡

W效果　菜单-106

 目标 提高推杆技术的练习。小幅度挥杆推球，平行移动。容易抬头看的人，头贴着墙练习更有效果。

推杆杆头的前端轻轻碰撞墙壁。

杆面保持垂直，趾部摩擦墙壁径直运动。

做法

①推杆的杆头趾部碰触墙壁或柱子，准备击球。

②趾部轻摩擦墙挥动。

③反复30次。

要点建议 用1号木杆与铁杆全挥杆时，挥杆途中头部一定要配合身体的转动，但是，推杆时，头绝对不能动。近距离推杆时

为了看准球洞，在击球前，头容易向球洞转去。所以，击球准备时，一定要注意脸的朝向，目光也不能动。

综合（基础）
练习场
日常生活
办公室
身体姿势
木杆
F W
铁杆
近距离击球
沙坑
击球
游戏

菜单 121 使用电话簿练习击球

目标　站位与球之间放置一个电话簿或盒子等有高度的东西进行击球练习，可以稳定推球控制杆面。

利用电话簿与糕点盒等有高度的东西比较好。

推杆杆头的根部一侧轻轻摩擦电话簿，推杆杆头一边径直移动。

做　法

① 将电话簿放置在推杆根部的一侧，准备击球。

② 球杆根部沿着电话簿边沿轻推。

③ 反复30次。

要点建议　击球前后30厘米左右，可以感觉到椎杆杆头的径直活动，但是，挥杆幅度在这之上的长推杆时，不要径直上杆或下杆。上杆时，遮住杆面，从击球到送杆再打开。根据由内到外的路径挥杆。

初学者　中级者　高级者

飞行距离　方向性　稳定性

持续性　即效性

W效果　　菜单-118

综合（基础）

练习场

日常生活

办公室

身体姿势

木杆

F W

铁杆

近距离击球

沙坑

击球

游戏

菜单
122

两腋下夹着球杆空抢

目标 ▶ 学习推杆时肩膀正确转动的练习。掌握推杆杆头径直运动的技巧。作为回合中的击球修正方法也很管用。

两腋下夹着的球杆与推球线平行。

保持两腋下夹着的球杆与推球线平行，竖着回转肩膀。

做　法

① 将铁杆夹在两个腋下，准备击球。

② 不击球进行空抢。

③ 反复20次。

要点建议 推杆时球放置在身体附近，在球的附近站好。肩膀要像天平那样活动。与击球相比，可以充分感受到肩部竖着转动。两腋下夹着的球杆的杆头一侧与握柄一侧有节奏地上下活动。

NG

肩膀不要横着转动

两腋下的球杆与推球线一交叉，就说明肩膀横着转动了。长距离推杆时，杆面的开合变大，即使短打球也打不出径直的轨迹。

在上班路上或办公室
也可以进行的练习

热爱高尔夫的上班族们，即使在通勤途中或办公室，不拿球杆也可以很容易地练习。即使打全场和去练习场的次数少，也可以提高技巧。

综合（基础）
练习场
日常生活
办公室
身体姿势
木杆
F W
铁杆
近距离击球
沙坑
击球
游戏

在上班路上或办公室也可以进行的练习

菜单
123
用拿公文包的手进行握杆练习

目标 用握杆的形式拿公文包。可以好好回忆握杆的感觉，对握力的强化也很有效。

左手拿公文包时，仅用小指、无名指和中指3根手指握住。

右手拿公文包时，仅用中指和无名指的根部握住。

做　法

① 左手拿公文包时，做出握杆的形状。

② 右手拿公文包时，也以相同的形状握杆。

③ 直到到达公司，左右手交替拿公文包。

 要点建议

握包时，双手不要用力，尽量轻柔地握，但是，左手的小指、无名指和中指这3根手指要稍稍用力一些，因为这3根手指是稳定挥杆的支点，挥杆中绝对不能放松。右手则以中指和无名指2根手指为中心。不要猛抓公文包，左手的3根手指与右手的2根手指有意识地握公文包。

菜单
124

目测并步测目标距离

目标 〉〉 有意识地一步一码地步行。目测到目标的距离并步测，确认目测与实际距离的误差。培养距离感。

找到200码（180米）以内的任何目标物，预测距离。高级者则预测如137码（123米）或72码（65米）那样的具体数字的距离。

做　法

① 到车站或到公司的途中，预测近处可以看到的电线杆或高楼的距离。

② 一步一码地步测，确认距离。

③ 改变目标物，尽量多次反复练习①和②。

1步的宽度有1码。因为约90厘米，所以是相当大的。

 要点建议

以果岭为目标击球时，参考码数牌，判断剩下的距离，但是，目测也必须进行。然后用步测确认距离是否合适。用球车的比赛增多，步行的机会减少，但是，球进入果岭后，应尽量步行。一步一码地步行，磨炼距离感。

综合（基础）
练习场
日常生活
办公室
身体姿势
木杆
F W
铁杆
近距离击球
沙坑
击球
游戏

综合（基础）

练习场

日常生活

办公室

身体姿势

木杆

F W

铁杆

近距离击球

沙坑

击球

游戏

在上班路上或办公室也可以进行的练习

菜单 125

在有格子的步行路上用一致的步伐步行

初学者 中级者 高级者

飞行距离 **方向性** 稳定性

持续性 **即效性**

W效果 菜单–124

目标 在瓷砖或格子的步行路上，以一定的步伐步行。并且，在快步走中培养节奏感，对于腿部力量的强化也很有用。

视线朝着下前方步行。自然地用脚后跟着地行走，可以促进全身运动。

做 法

① 尽量在有格子的路上步行。

② 沿着格子有节奏地快步走。

③ 尽可能长时间步行。

要点建议 要想保持良好的步行姿势，首先背和胸要伸展直立，脸稍稍朝向天空，挺起胸。然后脸朝前，稍稍收腹。保持这个姿势步行。上坡下坡时都径直看着远处的目标，可以保持正确的姿势。

NG 走路时不要看着脚下

一边看着脚下一边走，就会变驼背，步调不能一致，也不能走快。很多高尔夫球员在错误击球后，都垂头丧气，其实，即使误击球后也应堂堂正正地走路。

菜单 126

利用电线杆或站台培养直角的感觉

目标 在斑马线上等信号灯时，或是在车站护栏前站立时，利用长长的直线培养直角的感觉。利用站台上的白线时要多加注意。

与直线平行站好后，看直线的前头。养成直角视觉。

做 法

① 选择有长直线的场所。

② 与直线平行站立，用眼睛瞄准直线的前头。

③ 成直角站立时，检查视线。

要点建议 进入球道时，即使想成直角，1号木杆击球目标较远，眼睛会有错觉，身体会向左偏。在心理压力的作用下，往往弄错击球准备时的身体朝向。必须要明确目标线的感觉，必须有意识地对目标线平行地准备好。

综合（基础）

练习场

日常生活

办公室

身体姿势

木杆

F W

铁杆

近距离击球

沙坑

击球

游戏

综合（基础）

练习场

日常生活

办公室

身体姿势

木杆

F W

铁杆

近距离击球

沙坑

击球

游戏

在上班路上或办公室也可以进行的练习

| 初学者 | 中级者 | 高级者 |

| 飞行距离 | 方向性 | 稳定性 |

| 持续性 | 即效性 |

| W效果 | 菜单–137 |

菜单 **127**

等车间隙的脚尖运动

目标 等车的时候，定好时间，后脚跟抬起落下，有练习小腿的效果。

为了做出稳定的准备击球，小腿的强化是不可少的。

做 法

①双脚并在一起站好，脚后跟抬起落下的活动。

②如果可以的话，一只脚一只脚地活动。

③30秒钟来回3次。

在上班路上或办公室也可以进行的练习

| 初学者 | 中级者 | 高级者 |

| 飞行距离 | 方向性 | 稳定性 |

| 持续性 | 即效性 |

| W效果 | 菜单–136 |

菜单 **128**

在地铁内感觉击球准备的重心分配

目标 一边感受车箱的摇晃，一边保持下半身的稳定感。培养脚掌的平行感。

双膝稍稍弯曲，膝盖的前侧探到脚心上方。

双脚打开与肩同宽。抓住吊环也可以。

做 法

①在车箱中做出稍稍前倾的姿势。

②即使车箱摇晃，身体也不要摇摆，双脚使劲站住。

③尽可能长时间练习。

要点建议

能保持平衡的准备击球是无论从身体的前面、后面，还是从左右的什么地方推，也不会动的姿势。前倾姿势过深，会因重心落在后脚跟而经不住电车的摇晃而摇摇晃晃。要想下半身不晃动，用双膝盖支撑整个身体的平衡是非常重要的。这个练习适用于倾斜地面的击球。

综合（基础）

练习场

日常生活

办公室

身体姿势

木杆

F W

铁杆

近距离击球

沙坑

击球

游戏

在上班路上或办公室也可以进行的练习

菜单 129 利用公车的吊环来锻炼肩膀的内侧肌肉

初学者	中级者	高级者
飞行距离	方向性	稳定性
持续性	即效性	

W效果	菜单–123

目标 乘车中，抓吊环时可以进行的简单练习。稍稍改变抓吊环的方法，锻炼的范围就会变得更广。

用小指、无名指和中指向下拉，可以锻炼肩膀后侧的肌肉。

左手手掌面向自己抓住吊环，向下拉可以锻炼肩膀前侧的肌肉。

做 法

①用左手的小指、无名指和中指3根手指抓住吊环向下拉。

②左手的朝向相反，用5根手指抓住下拉。

③1分钟内①和②交替做3次。

在上班路上或办公室也可以进行的练习

菜单 130 两手背后拎住公文包上下活动

初学者	中级者	高级者
飞行距离	方向性	稳定性
持续性	即效性	

W效果	菜单–158

目标 在等车和坐车时都可以做的练习。用笔记本电脑包也可以充分锻炼肩胛骨周围的肌肉和上臂的三头肌。

上下活动公文包，可以强化两臂内侧的肌肉和肩膀周围的肌肉。

做 法

①两手在背后拎公文包。

②由伸展两臂的状态，向上举公文包。

③上下各10次。

要点建议 工作繁忙的上班族高尔夫爱好者，平时连去健身房的时间也没有，所以可以通过这个练习坚持锻炼肌肉力量。根据体力，最初次数可以少一些，而后渐渐增多。锻炼比较弱的肌肉，可以协调挥杆的平衡。

菜单 **131**

一只手拿一瓶水，强化手腕

初学者　中级者　**高级者**

飞行距离　**方向性**　**稳定性**

持续性　即效性

W效果　菜单-173

目标 ▷ 即使在办公室中，也可以做到的简单练习。但是，千万不要太投入而降低了工作效率。

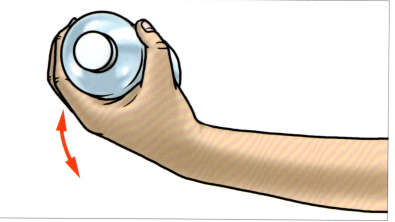

左手的手掌朝上握住时，从水平的位置向上卷动手腕。

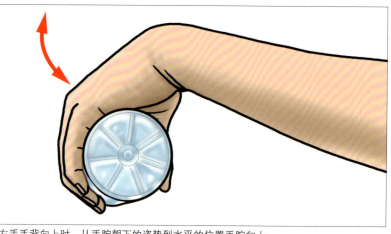

左手手背向上时，从手腕朝下的姿势到水平的位置手腕向上。

做　法

① 左手拿着塑料瓶子，上下活动。

② 改变左手的朝向，上下活动。

③ ①和②来回各10次。

要点建议 👈 利用塑料瓶的重量，锻炼手腕力量。用右手的人，左手力量比较弱一些，所以主要以左手为练习力量重点，但右手也要适当锻炼。竖着拿塑料瓶，左右活动手腕的练习更有效果。这个练习可以增强握力，所以用两手握球杆时左右手的力量可以分配均等，就能很好地握住球杆。

初学者　中级者　高级者

飞行距离　方向性　稳定性

持续性　即效性

菜单 132

拿东西时，使用相反一侧的手转动

W效果　菜单-133

目标　有意识地扭转身体的练习。拉伸的效果很明显，每天持续锻炼能促进挥杆动作的流畅性与节奏感。

坐在椅子上，尽量拉伸左手去取物品。

做　法

① 坐在椅子上，右侧的东西用左手取。

② 相同的要领，左侧的东西用右手取。

③ 尽可能多多练习。

努力拉伸右臂，腰部以下尽量不动。

要点建议　强化被称为斜腹肌的侧腹下的肌肉。平时在拿身体右侧的东西时，使身体向右扭转，用左手取。因为高尔夫球挥杆中不可缺少的左右扭转身体的活动在日常生活中很少做到，想要取东西就用相反一侧的手，身体尽可能在离远的感觉下拉伸手臂，有意识地强扭身体。可以提高身体的柔韧性。

综合（基础）

练习场

日常生活

办公室

身体姿势

木杆

FW

铁杆

近距离击球

沙坑

击球

游戏

综合（基础）

练习场

日常生活

办公室

身体姿势

木杆

F W

铁杆

近距离击球

沙坑

击球

游戏

在上班路上或办公室也可以进行的练习

初学者　中级者　高级者
飞行距离　方向性　稳定性
持续性　即效性
W效果　菜单-132

菜单 133 坐在椅子上时，锻炼大腿肌肉

目标 一边进行工作，一边强化大腿力量的练习。

双腿内侧用力收紧，可以锻炼大腿内侧肌肉，对挥杆稳定很有用。

做 法

①坐在椅子上，收紧双腿内侧。

②20秒钟来回反复做3次。

③坐在椅子上，伸直两腿，在水平位置停止。

④20秒中反复做3次。

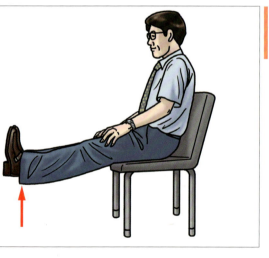

双脚并好，伸直，在水平位置停止，对强化腿前部的肌肉和腹肌很有效果。

要点建议 锻炼大腿内侧肌肉，可以使你在上杆时右膝位置固定，保持击球准备时的姿势，从击球到送杆过程中左膝盖不动，左腿踏实地面。大腿前侧的肌肉在挥杆中可以保持两膝盖的角度，以及身体的平衡。锻炼这两部分的肌肉有助于稳定挥杆。

初学者　中级者　高级者
飞行距离　方向性　稳定性
持续性　即效性

W效果　　菜单-116

综合（基础）

练习场

日常生活

办公室

身体姿势

木杆

F
W

铁杆

近距离击球

沙坑

击球

游戏

菜单
134

坐在椅子上徒手挥杆

目标 ▶ 坐在椅子上的挥杆练习。腰部以下不动，可以感觉到上半身与下半身很强的扭转。也可以感受到返回时最大的扭转。

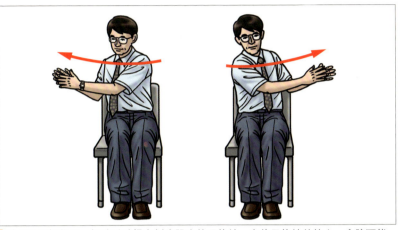

并好两脚挺住腰，挥动手臂提高侧腹肌肉的柔软性。身体柔软性差的人，肩膀可能转动不了90度。

做　法

① 坐在椅子上，并拢两脚，徒手挥杆。

② 双腿分开，徒手挥杆。

③ ① 和 ② 各练习20次。

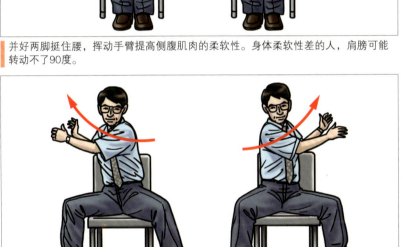

分开两腿，徒手挥杆，对提高腿关节柔软性很有效果。

要点建议

从顶点进入下杆的过程中，手臂和球杆保持在顶点，左膝盖返回击球准备的位置。使下半身先活动，顶点以上上半身与下半身的扭转最大。这个扭转差与球杆的加速有关。菜单134是相当费力的练习，但是不要勉强自己，转动身体，花上数日，一点点扩大可活动的范围。

综合（基础）

练习场

日常生活

办公室

身体姿势

木杆

F
W

铁杆

近距离击球

沙坑

击球

游戏

在上班路上或办公室也可以进行的练习

初学者　中级者　高级者

飞行距离　方向性　稳定性

持续性　即效性

W效果　　菜单-132

菜单 135

办公时拉伸背部

目标 使工作中的身姿稳定。这不仅对保持平衡的击球准备很有用，还可以减轻眼睛的疲劳和肩部酸痛。

两肘轻贴腋下，保持脊部伸直的姿势，这也能锻炼腹肌和背部的肌肉。

做 法

① 伸展背部和胸部的姿势。

② 挺直一段时间后休息，但尽量长时间持续挺直。

要点建议 虽然想挺直背部，但如果脸全面向球，背部就会随之蜷曲，准备的姿势就会变差。头的后侧和背部成直线，如果可以用向下的眼神看球的话，就可以保持正确的姿势。尽量伸直背脊，不用肩膀的力量，不要忘了双肘要轻贴腋下。

在上班路上或办公室也可以进行的练习

初学者　中级者　高级者

飞行距离　方向性　稳定性

持续性　即效性

综合（基础）

练习场

日常生活

办公室

身体姿势

木杆

FW

铁杆

近距离击球

沙坑

击球

游戏

菜单 136　把楼梯想成斜面，徒手挥杆

W效果　菜单−128

目标　利用楼梯，徒手挥杆的练习。检查准备时身体重心的分配情况、挥杆中保持重心的稳定等。

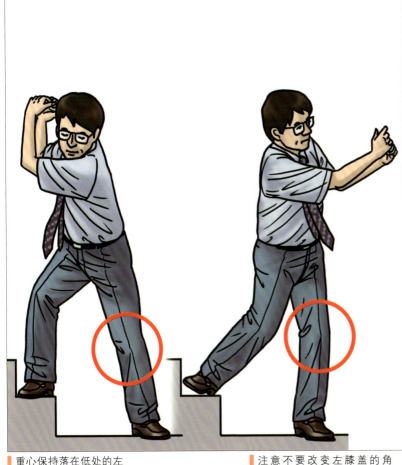

重心保持落在低处的左脚，上杆。

注意不要改变左膝盖的角度，送杆。

做法

①在有楼梯的地方，左脚降低，徒手挥杆。

②改变身体的朝向，抬起左脚徒手挥杆。

③①和②各练习20次。

 要点建议

在徒手挥杆中，希望大家注意的是，大部分重心要落在低的那个脚上，这样挥杆时上半身倾斜角度就不会变。左脚抬起和落下都是为了保持重心的分配，那就好好保持腿关节和两腿的角度。如果特别地伸展左膝盖，变成捞球的话就会出现击中地面的现象，所以要避开。

173

综合（基础）

练习场

日常生活

办公室

身体姿势

木杆

F W

铁杆

近距离击球

沙坑

击球

游戏

菜单 137

上下楼梯，不用后脚跟

初学者	中级者	高级者
飞行距离	方向性	稳定性
持续性	即效性	
W效果	菜单-127	

目标 上下楼梯时不用后脚跟，用脚尖儿走路的练习。目的是强化小腿力量。

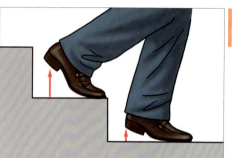

不需要将后脚跟抬得很高，后脚跟不要碰到楼梯就可以。

做 法

①下楼梯时用脚尖儿走路。

②上楼梯时，也只用脚尖儿走。

③尽量多多练习。

菜单 138

像螃蟹那样上下楼梯

初学者	中级者	高级者
飞行距离	方向性	稳定性
持续性	即效性	
W效果	菜单-136	

目标 身体横着上下楼梯的练习。可以强化大腿内侧和外侧的的平衡，提高下半身的稳定感。

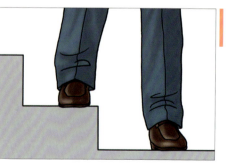

一阶一阶地上下楼梯。不只是一个方向练习，双腿要交替练习。

做 法

①身体朝向侧面上下活动。

②身体朝相反方向上下活动。

③①和②各练习20阶。

要点建议 挥杆时腿和腰是否能牢牢站住与膝盖的柔软性和大腿肌肉的力量有很大的关系，但是，能牢牢地承受力量的是小腿和脚踝。上下楼梯可以提高脚踝的柔软性，也可以锻炼小腿肌肉。职业球员们的小腿肌肉特别发达，我们也可以通过培养用脚尖儿上下楼梯的习惯来锻炼小腿肌肉。

菜单
139

利用玻璃门检查挥杆姿势

初学者	中级者	高级者
飞行距离	方向性	稳定性
持续性	即效性	

| W效果 | 菜单−105 |

目标 ▷▷ 利用门和窗户的玻璃进行练习。不用拿球杆，即使只确认身体的姿势和动作也会有很好的效果。

右侧栏：综合（基础） 练习场 日常生活 办公室 身体姿势 木杆 FW 铁杆 近距离击球 沙坑 击球 游戏

做 法

① 在玻璃的正面站好，徒手挥杆。

② 目标线后方也可反射出手影，徒手挥杆。

③ 尽量多多练习。

检查击球准备时的前倾角度和上身的扭转角度，双手位置和下半身的活动等。

要点建议 试着用镜子反射出挥杆，可以感觉到自己的感受和实际动作的差距。用眼睛确认正确的姿势和身体的活动，记住这个感觉就可以提高技术。感觉每天都会变，所以不只在办公室，在自己的家中平时也应进行。但是，不要抬起身体看着镜子练习。

18个球洞以每3个洞为一组，
打到最后注意力都会保持集中

"最后一个洞打狠了"，"上半场与下半场的杆数完全不同"，"吃过午饭会就变得不行了"，这样说的人很多。另外，很多高尔夫球选手都是到最后一洞功亏一篑。或许你也是他们中的一个。

在这里，不论你打得如何，推荐给大家一个可以稳定得分的方法。在专业选手和高级业余选手的比赛中，因为是打18洞的比赛，虽然流程容易掌握，但也可能无功而返。多半比赛都会跨过用餐时间进行上下午比赛，所以，我建议一般的业余选手将记分卡按每3洞为一组划分好，3洞的得分×6就等于18洞的得分。

如果将18洞分成9洞×2的话，从技术水平上说，想维持集

中力很难，在最后3洞得分功亏一篑的可能性很高。用3洞×6的方式划分比赛，心情容易恢复，可以防止大的溃败，对于失误也可以尽早调整回来。

比如，就算开始的3洞跌倒了，接下来的3洞平静下来，分数不错的话，情绪可以迅速恢复，可以再打接下来的3洞。用这种办法打比赛，前半部与后半部的得分变化较大的情况也会变少，集中力到最后也不会减少，可以保持稳定。

在90杆前后的选手，如果用这种方法，一洞给自己设定低于标准杆1杆的目标时，容易打出80杆的分数。水平更高的高尔夫选手的话，每一洞给自己设定低于标准杆2杆的话，打出70杆也是有可能的。

利用道具练习

用道具练习往往能发现一些用球杆练习时
没有发现的问题，
从而让大家有新的进步！

综合（基础）
练习场
日常生活
办公室
身体姿势
木杆
FW
铁杆
近距离击球
沙坑
击球
游戏

利用道具练习

初学者　中级者　高级者
飞行距离　方向性　稳定性
持续性　即效性
W效果　菜单-149、150

菜单 140 使用网球拍空抢

目标 使用网球拍空抢，检查杆面的活动。使用右手或左手控制杆面，就会更加清楚这一点。

右手拿拍时，将右膝盖拉到身旁后下杆。

打开左半身，球拍面恢复回直角击球。

左手拿拍时，左腋夹紧，下杆。

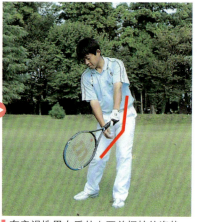

有意识地用右手从上覆盖握拍的姿势，将球拍面恢复到直角（直面）。

做 法

① 右手拿网球拍空抢。

② 换左手拿网球拍空抢。

③ ①和②各练习30次。

要点建议 无论你习惯以哪只手为主体进行挥杆，在自己的感性下挥杆是最理想的，另一只手在挥杆时不能干扰主挥杆手，否则球拍面不能保持垂直。一边有意识地将网球拍看作杆面，一边空抢。检查左手和右手的活动，最后用两手握拍空抢。

菜单 141 使用棒球杆空抢

目标 ▶ 棒球杆比高尔夫球杆重很多，也短很多，因为不只是用手指尖挥棒，所以可以感受到使用全身肌肉的挥杆。

与握高尔夫球杆相同的方式握棒。因球棒重而挥不起来的人也可用普通方式握住球棒。

利用左脚用力踏地，迅速挥杆。球棒的轨迹不要起伏不平。

做　法

① 以握高尔夫球杆的方式握棒球棒。

② 反复挥棒30次。

要点建议 ☞ 即使是能打出300码（270米）的1号木杆，光用手也可以迅速挥杆。但是，对于很重、很难打出速度的球棒，不得不利用全身的肌肉挥棒。不要像打棒球那样水平挥动球棒，要在比高尔夫挥杆近一些的轨迹上挥杆。为强化上杆，左脚使劲站住，要尽量快速挥动，努力使球棒的轨迹稳定。

综合（基础）
练习场
日常生活
办公室
身体姿势
木杆
FW
铁杆
近距离击球
沙坑
击球
游戏

利用道具练习

菜单 142

使用电话簿做倾斜地面的练习

目标 斜面的击球练习。即使没有倾斜地面，准备一个电话簿或砖块等合适厚度的东西，在哪里都可以练习。

左脚放在电话簿上，拉开时右腿使劲站住。

两脚的后脚跟放在电话簿上，做脚尖儿下降的练习。前倾角度不变。

做法

① 单脚踏在电话簿上准备，挥动手臂。

② 换另一只脚，以相同的要领挥动手臂。

③ 双脚的后脚跟踏在电话簿上面，挥动手臂。

④ 双脚的脚尖踏在上面，挥动手臂。

⑤ 从①~④各练习30次。

要点建议 用一个电话簿或砖块可以做出4种不同的倾斜面，但是，无论在什么场合，流畅地挥动手臂，保持良好的平衡是最重要的。重心落点差的话，身体马上就会摇摇晃晃，所以要学习即使用力挥杆也能保持很好平衡性的站法。再拉开一点高低差或是在自家院子握着球杆空抡也可以提高效果。

菜单
143

使用健身球进行挥杆练习

初学者　中级者　**高级者**

飞行距离　方向性　稳定性

持续性　即效性

W效果　　菜单-151

目标 用两臂夹住健身球或稍小一点的沙滩球做挥杆练习，使身体与手臂一体化。

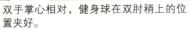
双手掌心相对，健身球在双肘稍上的位置夹好。

不改变两臂的姿势，到右胸左右的高度上杆。

两肘保持向下不变，到左胸的高度上杆。

做　法

①双手夹住健身球，准备击球。

②在胸部左右的高度挥杆。

③反复30次。

要点建议

双肘朝下，双臂有意识地向内侧用力。摆出准备击球的姿势，不改变双肘的朝向，转动身体。上杆时右肘容易抬起的人和送杆时左肘离开的人，做这个练习应该感觉到相当拘束。制约无用的活动，可以掌握正确的挥杆。

综合（基础）

练习场

日常生活

办公室

身体姿势

木杆

F W

铁杆

近距离击球

沙坑

击球

游戏

利用道具练习

菜单 144

利用塑料瓶修正轨迹

初学者　中级者　高级者
飞行距离　方向性　稳定性
持续性　即效性

W效果	菜单-145

目标 利用塑料瓶，矫正右曲球的练习。对于将球杆向内侧拉得过低，在反作用下从外侧下落的球员最适合。

在杆头的30厘米后方立一个塑料瓶。

杆头不要碰到塑料瓶，向外侧扬起。

做　法

①在杆头的后方放置一个塑料瓶。

②向外侧抬起球杆。

③从内侧挥杆下落。

④②和③练习20次。

下杆时从塑料瓶的内侧下落。

送杆，修正外侧的轨迹。

要点建议

与菜单51右曲球的矫正法相同，用塑料瓶代替两根球杆。极端向外侧扬起的话，在反作用下球杆容易从内侧下落。在顶点用球杆画出一个圆，所以被称为"回圈打法"，对纠正右曲球有立竿见影的效果。

NG

不要从目标线的外侧下落

杆头从塑料瓶的外侧下落，相当于从外向内的挥杆轨迹。打开杆面碰到塑料瓶的话，就会打出大的右曲球，塑料瓶摇晃倾斜就会发生钩球。

利用道具练习

菜单 145　使用浴巾①
将浴巾一侧系上做挥杆练习

初学者　中级者　**高级者**
飞行距离　方向性　稳定性
持续性　即效性

W效果　　菜单-141

目标 使用浴巾做空抡的练习。掌握返回的时机和一边感觉球杆的重量一边送杆等。

准备一条大一点的浴巾，将一头系上做成球。

在顶点球碰到背部后开始下杆。

收杆时，一直到球碰到后背，不要失去平衡。

做　法

①系上浴巾。
②摆好击球准备姿势，空抡。
③反复30次。

要点建议 一边用手巾球咚咚敲击后背，一边在顶点和收杆来回连续空抡，可以提高练习效果。这对挥杆的轴固定和有节奏的挥杆都有效果。启动下杆，利用上半身和下半身的扭转和离心力甩开的感觉等。

综合（基础）　练习场　日常生活　办公室　身体姿势　木杆　FW　铁杆　近距离击球　沙坑　击球　游戏

183

综合（基础）

练习场

日常生活

办公室

身体姿势

木杆

F W

铁杆

近距离击球

沙坑

击球

游戏

利用道具练习

菜单 **146**

使用浴巾②

两手拉直浴巾，身体左右转动

目标 使用浴巾的练习有很多种。两手拉直浴巾，转动身体的练习就是其中一种。

两手打开稍稍比肩宽，拉直浴巾。

不要放松两手的力度，向上杆方向转动上身。

做 法

①两手拉直浴巾。

②上身保持直立，身体左右转动。

③反复20次。

保持拉直浴巾，上身向左侧转动。

一直到最后，转动时肩胛骨不要太紧。

要点建议

这个练习曾被杰克·尼古拉斯所采用，对强化肩部肌肉很有效。保持两手拉直浴巾，转动身体，上杆时用右手拉左肩，下杆后用左手拉右肩，感觉转动。这个练习对于预防肩膀酸痛、减轻疼痛等也很有效果，所以请一定要实践。

初学者	中级者	高级者
飞行距离	方向性	稳定性
持续性	即效性	

综合（基础）
练习场
日常生活
办公室
身体姿势
木杆
FW
铁杆
近距离击球
沙坑
击球
游戏

菜单 147

使用浴巾③

右腋夹住浴巾，左手拿着另一头上杆

W效果　　菜单-149

目标 学习上杆的练习。身体有意识地向左侧拉，掌握左手臂向上的感觉。

左臂自然伸展拿住浴巾，摆出前倾的姿势。

做 法

①浴巾的一头在右腋下夹好，另一头用左手拿好。

②用左手拉浴巾上杆。

③反复20次。

保持拉直浴巾的姿态，左臂向上抬起。

要点建议 浴巾一松，就感觉不到身体向左侧的拉拽感。对于那些上杆时过度使用右手和左肘有大幅度弯曲习惯的人特别有效果。一边向后背拉拽右肩，左臂一边上抬，肩膀的转动就会变大。手握球杆时，在这个练习中手将球杆上抬，可以制造出强有力的顶点。

利用道具练习

菜单 **148**

使用浴巾④
左腋夹住浴巾，右手拿着另一头送杆

目标 与菜单147相反的版本，学习击球后伸展手臂的练习。也可以感受到送杆技巧。

右臂自然伸展，拿好浴巾，使上身前倾。

做　法

①浴巾的一头用左腋夹住，另一头用右手抓好。

②用右手拉浴巾向送杆方向打出。

③反复20次。

不要让浴巾弯曲，右臂向目标方向挥出。

要点建议 右臂向目标方向突然打出，拉伸浴巾，左肩像往后背拉那样转动。右肩膀自然转动，重心也落在左脚，摆出平衡的收杆姿势。这个练习方法对从击球到送杆，拉开左膝盖，右膝盖就弯曲的人和一直到收杆肩膀不能充分转动的人很有效。

菜单 **149**

使用软管①

在右肘上绑软管进行击球练习

目标 控制右肘活动的练习。握好球杆，空抡练习。

上杆时右腋不要打开，仅扭转身体以达到顶点。

软管不要绑得太紧，要能使手握好球杆。

右膝盖拉到左腿近旁，下杆，有力量地击球。

做 法

①在右肘稍稍向上的地方连同身体一起绑上。

②握好球杆空抡。

③反复30次。

 要点 建议

特别适合上杆时右肘高高抬起和过度挥杆的人、下杆时右腋下容易打开的人的练习法。可以确认是否以右膝盖为支点避免无用的上杆，右肘是否拉到近旁，球杆是否在最短距离降落的下杆，所以团体选手们也经常进行实践。

综合（基础）

练习场

日常生活

办公室

身体姿势

木杆

FW

铁杆

近距离击球

沙坑

击球

游戏

利用道具练习

W效果 菜单-148

初学者	中级者	高级者
飞行距离	方向性	稳定性
持续性	即效性	

菜单 **150**

使用软管②
在左肘上绑软管进行击球练习

目标 与菜单149相反，将左肘绑上进行空抡练习。掌握左肩、左臂和球杆的一体感。

保持左腋夹紧的状态，球杆在正确的轨迹上扬起。

送杆时左膝盖不能活动，肩膀就可以完全扭转。

做 法

① 左肘稍稍向上的地方连同身体一起绑上。

② 握好球杆空抡。

③ 反复30次。

要点建议 菜单149仅以上杆的手为中心，但是这项练习可以检查从上杆到送杆过程中手的状态。在左臂和球杆协同作用下上杆，可以防止上杆时只抬手的错误。因为可以感受到送杆时左肘的感觉，所以也能消除左肘拉近阻碍击球的毛病。适于惯用左手的高尔夫球员。

初学者	中级者	高级者
飞行距离	方向性	稳定性
持续性	即效性	
W效果	菜单–146	

菜单 151 使用软管③

绑住两肘，进行击球练习

目标 为了防止挥杆中两肘的间隙有大的变化，纠正杆面旋转的练习。

两肘向下的状态，用软管绑好。不要将两肘绑得太紧。

两肘被固定，身体正确扭转，球杆的轨迹变成纵型。

做 法

①绑住两肘。

②握好球杆空抡。

③反复30次。

初学者	中级者	高级者
飞行距离	方向性	稳定性
持续性	即效性	
W效果	菜单–142	

菜单 152 使用软管④

绑住两膝盖进行击球练习

目标 纠正挥杆中两膝的过度动作，学习正确脚法和双膝的稳定练习。

比起通常的击球准备，在双膝稍稍向大腿根的部位绑好。

不要改变双膝的间隔和双膝的高度，就会明白脚的动作。

做 法

①绑住两膝盖。

②握好球杆空抡。

③反复30次。

要点 建议

挥杆中双臂旋转，改变两膝高度的话，就不能保持前倾的姿势，杆面就会大大打开。与击球准备相同，双膝尽量保持水平，而且，不改变双肘的间隔是最理想的状态。双膝也一样，高度线或间隔一改变，就不能保持腰部的水平转动，就不能稳定挥杆轨迹。抑制双肘与双膝的无用动作。

综合（基础）
练习场
日常生活
办公室
身体姿势
木杆
FW
铁杆
近距离击球
沙坑
击球
游戏

利用道具练习

使用软管⑤

菜单 153

把软管绑在柱子上练习下杆

初学者　中级者　高级者　飞行距离　方向性　稳定性　持续性　即效性　W效果　菜单-141

目标 下杆中强化身体左侧力量的练习。身体可以感觉到左脚踏地和左腿伸展的感觉，对于提高球的飞行距离有很大作用。

稍稍使软管弯曲，摆出下杆的姿势。

重心全落在左脚，用左手拉软管。

转动腰，左脚牢牢踩地，可以充分发挥力量。

做　法

① 软管的一端绑在柱子上或院子的树枝上。

② 用左手拉软管另一端，摆出击球瞬间的姿势。

③ 反复20次。

要点建议 腰从30度打开至45度，但是，要注意肩膀不要太开。因为，全身一打开，力量就不能全部发挥出来，所以，肩膀与目标线平行，左手还原到准备击球的位置拉拽软管。软管的一端也可以找人来拉着。

不要只用左手用力拉拽

脚和腰都一丝不动，仅用叉开的两脚使劲站住，依靠左手的力量用力拉拽是不行的。这样没有用到身体的转动，就没有飞行距离。

利用道具练习

初学者	中级者	高级者
飞行距离	方向性	稳定性
持续性	即效性	

W效果	菜单-147

菜单 154

使用软管⑥
用左脚踩住软管一端上杆

目标 利用软管练习上杆。感受身体向上扭的感觉。

上杆的途中控制软管长度，使它稍稍弯曲。

左手从左脚尽量拉远，上杆到顶点。

做 法

① 软管的一端用左脚踩住，另一端用手拿好。

② 上杆。

③ 反复20次。

利用道具练习

初学者	中级者	高级者
飞行距离	方向性	稳定性
持续性	即效性	

W效果	菜单-148

菜单 155

使用软管⑦
用右脚踩住软管一端送杆

目标 活用软管，掌握与身体的转动时拉开的感觉。

双手在左腰的高度，使软管稍稍弯曲。

充分扭转肩膀拉拽软管，进入收杆。

做 法

① 用右脚踩住软管的一端，两手拿好另一端。

② 从击球准备的位置上扬，直到收杆。

③ 反复20次。

要点建议 柔和地握住握柄，双臂像挥动鞭子那样，柔软地使用手腕和肘和肩等关节，可以提高杆头的速度。但是，总是用手腕挥动，身体不转动的话，挥杆的速度也很难提高。有这样倾向的人，请体会有意识地伸展上杆的左臂或有意识地伸展送杆的右臂，充分转动身体。

综合（基础）

练习场

日常生活

办公室

身体姿势

木杆

FW

铁杆

近距离击球

沙坑

击球

游戏

综合（基础）

练习场

日常生活

办公室

身体姿势

木杆

FW

铁杆

近距离击球

沙坑

击球

游戏

菜单 156

初学者　中级者　高级者

飞行距离　方向性　稳定性

持续性　即效性

W效果	无

利用呼啦圈进行挥杆练习

目标　利用呼啦圈，确认挥杆练习。可以用镜子，看看目标线的后方，检查呼啦圈的运动。

用球杆上抬到一半的位置时的握法握好呼啦圈。

将握圈的手反过来，从下杆到送杆也保持呼啦圈平面所在的角度。

双手交叉，从下杆到送杆的过程中保持呼啦圈的角度。

做　法

①身体穿过呼啦圈，在镜子前面摆出击球准备的姿势。

②不改变呼啦圈的倾斜，上杆至顶点。

③从击球瞬间反过来拿着的手，就保持这样进入收杆甩开。

要点建议　挥杆平面是摆姿势时脖子根儿和球连接的线的平面。不能用呼啦圈直接确认挥杆平面，但是保持摆姿势时呼啦圈的倾斜角度的话，就可以掌握球杆在正确的轨迹上挥动的技巧。

不要让呼啦圈平面起伏波动

要保持前倾的角度和两臂的角度，否则忽拉圈平面就会大大改变。这样的话，球杆就不能在正确的轨迹上挥动，就会引起各种各样的错误击球。

拉伸与体能训练

拉伸与体能训练可以实现流畅的身体旋转和手臂挥动的身体姿势，也是重要的菜单。平常也要努力提高柔软性和肌肉力量。

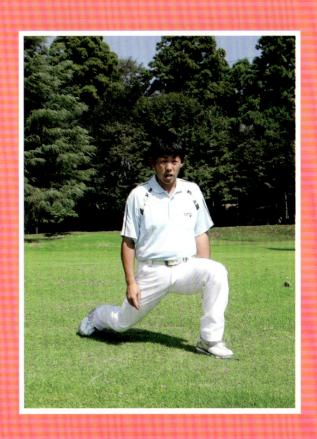

综合（基础）

练习场

日常生活

办公室

身体姿势

木杆

FW

铁杆

近距离击球

沙坑

击球

游戏

拉伸与体能训练

拉伸与前屈

初学者　中级者　高级者

飞行距离　方向性　稳定性

持续性　即效性

W效果　菜单-163

目标　前屈运动，但是要加上上身左右扭转的动作。直立，弯腰，右手碰左脚，然后交替，左手碰右脚。

两脚分开与肩同宽，双臂平举向左右伸展。

扭转身体，右手碰触左脚。

做　法

① 从直立的姿势开始，两臂水平伸直。

② 前屈，用右手碰触左脚。

③ 还原回①的姿势。

④ 前屈，用左手碰触右脚。

⑤ 来回10次。

还原。

扭转身体，左手碰触右脚。

要点建议　即使不加速也没关系，还原回中间的姿势后，做相反的一侧的动作很重要。

与通常的前屈运动比，仅采取不同的动作，提高身体左手碰触右脚的柔软性。

这个动作两膝不能弯曲，所以对于身体比较硬的人，最初手可能碰触不到脚，但是如果持续练习，上身的弯曲会变得更深。

初学者　中级者　高级者

飞行距离　方向性　稳定性

持续性　即效性

综合（基础）

练习场

日常生活

办公室

身体姿势

木杆

F W

铁杆

近距离击球

沙坑

击球

游戏

菜单
158

肩关节的拉伸

W效果　菜单-168

目标 单手握杆，从正面到后方旋转手臂转使肩松弛。肩膀僵硬的人，一定要坚持执行。这个练习也可以缓解肩酸。

挺胸，从手臂稍稍向后伸的姿势开始。

尽量伸直手臂，手臂从正面向背后转动。

从背后下落时，手臂尽量不要弯曲。

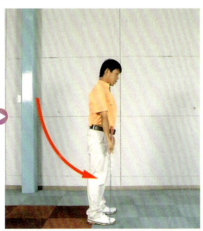

慢慢地继续转动手臂，加大肩膀的活动范围。

做　法

① 一只手持球杆。

② 手臂从前到后在背部一侧回转。

③ 就这样转15回，做2组。

④ 另一侧也是转15回，做2组。

要点建议　像打棒球时的投球动作一样，手臂从上往前面转的动作在日常生活中随处都可以做出。但是，从下向上面转手臂，再向后背转的动作则很少做。而且在办公室久坐的人，姿势一变差，肩胛骨一变硬，就不能流畅地完成这个动作。在这个伸展练习中，可以调整肩周围的肌肉和关节的平衡。

综合（基础）

练习场

日常生活

办公室

身体姿势

木杆

FW

铁杆

近距离击球

沙坑

击球

游戏

初学者　中级者　高级者

飞行距离　方向性　稳定性

持续性　即效性

菜单 159

髋关节的拉伸

W效果　菜单-161

目标 利用椅子，一只脚像跨栏那样努力抬起。提高髋关节的柔软性。

脚尽量高抬，用球杆代替拐杖，保持平衡。

做 法

①站在椅子的侧面，一只腿抬起。

②像跨栏那样跨越椅子。

③做10次，2组。另一侧也同样。

像跨越跨栏那样，从椅子的后侧向前转动脚，就这样连续练习。

要点建议 脚在上面时，如果只抬脚尖，即使腿高抬，小腿和脚也不会抬到相当的高度，腿会碰到椅子。所以，要从脚后跟一侧向上抬，腿尽量既高又慢地抬起是要领。最初从办公桌的高度开始，最后达到不碰到椅子就能跨越过去的程度。

初学者　中级者　高级者

飞行距离　方向性　稳定性

持续性　即效性

W效果　　菜单－158

综合（基础）

练习场

日常生活

办公室

身体姿势

木杆

F W

铁杆

近距离击球

沙坑

击球

游戏

菜单 160

脖子的拉伸

目标 》》 拉伸肩部周围的肌肉和关节，但是，脖子向挥杆的相反方向转动，以伸展脖子是主要目的。

用右臂向左肘的附近压。

一边用右臂拉伸左肩，脸一边向相反方向转。

用左臂拉伸右肩，脸向相反方向转。

做 法

① 左臂向上杆的方向伸展，用右臂固定。

② 左肩一边转动，脸一边转向左侧。

③ 右臂向送杆的方向伸展，用左臂固定。

④ 右肩一边转动，脸一边转向右侧。

⑤ 每侧各10次，2组。

要点建议

一直到击球的瞬间，脸朝向球是提高命中率的关键。脖子周围肌肉比较硬的人，脸往往就不会保持在球的方向，也正因为如此，脖子的柔软性是不可少的。

NG **不要勉强拉伸**

伸展中想提醒大家注意的是不要突然用力，憋口气用力拉伸。勉强拉伸就会受伤，所以要一边呼吸，一边慢慢地伸展，在还没感觉到疼痛的时候停下。一边感受其中的愉快，一边练习。

综合（基础）
练习场
日常生活
办公室
身体姿势
木杆
FW
铁杆
近距离击球
沙坑
击球
游戏

拉伸与体能训练

初学者	中级者	高级者
飞行距离	方向性	稳定性
持续性	即效性	

菜单 161

跟腱的伸展

W效果　菜单-159

目标 抓住椅子等东西，蹲下来活动脚踝，增加跟腱的紧张感。

左膝降低，右膝抬高，脚踝与腰向右扭转。

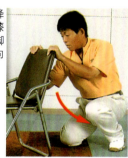

右膝降低，左膝抬高，脚踝与腰向左扭转。

做 法

①抓住椅子，蹲下。
②打开双膝，稍稍抬起脚后跟。
③两个膝盖一边活动，一边扭动脚踝。
④来回2组，做20次。

拉伸与体能训练

初学者	中级者	高级者
飞行距离	方向性	稳定性
持续性	即效性	

菜单 162

腿部的伸展

W效果　菜单-169

目标 跪坐，上半身向后仰。维持大腿柔软性的拉伸。

两膝并拢，跪坐。

腰尽量不要抬起，上身慢慢地向下落，后背贴在地上。

做 法

①跪坐。
②上身慢慢向后倒。
③还原回原来的姿势，再倒下。
④来回2组，做10次。

要点建议 双腿前后分开，脚向后侧拉伸的做法有助于拉伸跟腱。加上动作的伸展，效果更佳。另外，下半身比较僵硬的人，大腿不怎么能拉伸，也会影响走路的姿势。每天养成习惯，背部就这样贴着地面一直坚持30秒。

体侧肌肉的伸展

菜单 163

W效果　菜单−157

目标　两手上举握好球杆，身体左右倾斜。拉伸腋下的侧面肌肉。

综合（基础）

练习场

日常生活

办公室

身体姿势

木杆

FW

铁杆

近距离击球

沙坑

击球

游戏

手持短铁杆的握柄和杆头。

向右倒时，用右手拉左手。

向左倒时，用左手拉右手。

做法

① 两手拿好球杆向正上方抬起。

② 上身慢慢地向一侧倒。

③ 还原回①身体向相反方向倒。

④ 来回2组，做10次。

要点建议

上身向正侧面倒是要领。腋下的腹斜肌上下伸缩，会增加身体左右扭动时拉动腹斜肌的强度，会产生像弹簧的效力。

NG　上身不要前后倒

上身左右弯曲时，不能前后倾斜，否则拉伸效果会减半。身体稍一放松就会前后倒，所以有必要注意这一点。为了保证不前后倾斜，请保持身体正面朝前，照着镜子检查一下。

左侧竖排导航栏：

综合（基础）
练习场
日常生活
办公室
身体姿势
木杆
F W
铁杆
近距离击球
沙坑
击球
游戏

拉伸与体能训练

菜单 166

在顶点与收杆的位置静止10秒

目标 不用拿球杆，徒手挥杆，感觉顶点与收杆时的肌肉拉伸。对稳定挥杆姿势有很好的效果。

右膝盖朝向正面，摆出上身重量全放在右边的腿关节至顶点的姿势。

重心全落在右脚，摆出上身重量全放在左边的腿关节至收杆的姿势。

做 法

① 摆出准备击球的姿势，向顶点抬起，静止10秒。

② 一直到收杆，静止10秒。

③ ①和②反复10次。

要点建议 手持球杆挥杆，离心力开始起作用，身体的回转量变得更大，但是，挥杆顶点与收杆大致是左右对称的。即使这样，静止10秒钟也是很辛苦的事。坚持一下，如果这两个姿势可以记忆下来的话，着急击球顶点不到位，收杆时部分重心还留在右脚的失误就会消除。

菜单 167

用大字运动腹肌

W效果　菜单-168

目标　培养身体柔软性的练习。躺成一个大字，一只手和一只脚有节奏地上下活动，锻炼腹肌。

双臂和双腿打开。

加上扭转身体的动力，用一只手去碰相反方向的脚。

还原后扭转相反一侧身体。

做 法

① 仰面朝天成一个大字。

② 抬起上身用右手去碰左脚。

③ 还原回①的动作，左手去碰右脚。

④ 还原回①，用右脚去碰左手。

⑤ 还原回①，用左脚去碰右手。

⑥ 尽量多练习几次。

抬起脚时，加上扭腰的动作，去碰相反方向的手。

还原，抬起相反面的脚。

要点建议　动作有一定难度，但是手臂和脚的碰触要尽量有节奏。身体僵硬或腹肌比较弱的人，抬脚可能感觉更吃力一些。最初练习时碰触手和脚都做不到也没关系，可以在能力范围内去完成。与身体的对角线的部位同步练习，就可以达到快速挥杆。

综合（基础）

练习场

日常生活

办公室

身体姿势

木杆

F W

铁杆

近距离击球

沙坑

击球

游戏

综合（基础）

练习场

日常生活

办公室

身体姿势

木杆

F W

铁杆

近距离击球

沙坑

击球

游戏

拉伸与体能训练

菜单 168 俯卧拉伸腹肌和脊背

W效果　菜单–167

目标 强化腹肌和脊背的练习。因为是反复的伸缩，所以也有拉伸的效果。

两膝盖立起，腰部抬起。

做 法

① 两膝盖着地，摆出用四肢爬的动作。

② 腰向后碰触到脚后跟后，上身再返回。

③ 还原回①反复做。

腰向脚后跟的位置下降，姿势放低。

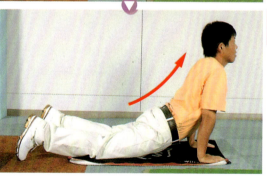

腿下压，上身抬起。

要点建议 能掌握好平衡的挥杆是身体的"芯"。芯是身体核心部分，指腹肌和脊背。当然，大腿和小腿等下半身的肌肉力量也是不可少的，但是，好好地保持准备击球的前倾姿的原动力是腹肌和脊背。腹肌变弱的话，就容易前屈，就不能保持稳定的姿势，也会引起腰疼，所以要好好练习。

拉伸与体能训练

初学者	中级者	高级者
飞行距离	方向性	稳定性
持续性	即效性	

W效果	菜单-162

菜单 169 抬起大腿锻炼髋关节

目标 高抬腿的练习。使髋关节强化，对倾斜地击球会有好的影响。

最初立一支球杆来保持平衡。

大腿高抬至与地面平行，高抬膝盖。

做 法

①单脚站立，另一只脚上抬。

②以相同的方法，练习另外一只脚。

③来回3组，每只脚练习10次。

拉伸与体能训练

初学者	中级者	高级者
飞行距离	方向性	稳定性
持续性	即效性	

W效果	菜单-172

菜单 170 落下膝盖强化大腿力量

目标 从击球准备的姿势开始将腰放下。对强化膝盖和腰部力量很有用，能够保持稳定的前倾姿势。

充分伸展背部，摆出准备击球的姿势。

前倾角度不变，腰充分放下。

做 法

①手中不拿球杆，摆出击球准备的姿势。

②深深地弯曲膝盖，放下腰。

③还原回原来的姿势，反复练习。

④10次1组，做3组。

要点建议

提高挥杆的关键当然与技术有关，但是，想要很好地完成这个技术，体力也是非常必要的。除了腹肌和背脊外，下半身的肌肉力量也是必不可少的，所以，建议在日常生活中好好地锻炼大腿和小腿等。

综合（基础）／练习场／日常生活／办公室／身体姿势／木杆／FW／铁杆／近距离击球／沙坑／击球／游戏

205

综合（基础）

练习场

日常生活

办公室

身体姿势

木杆

FW

铁杆

近距离击球

沙坑

击球

游戏

拉伸与体能训练

初学者　中级者　高级者
飞行距离　方向性　稳定性
持续性　即效性
W效果　菜单-162

菜单
171

跨步强化脚部力量

目标 像滑冰那样双脚跨步的练习。提高膝盖和髋关节的柔软性。

大腿向右脚的斜45度方向跨出，腰降低。

左脚也同样，向斜45度方向跨出，上身保持正直。

做　法

①以直立的姿势站好。

②左脚斜着大步跨出，腰下落。

③还原，右脚大步跨出。

④左右交替3组10次。

拉伸与体能训练

初学者　中级者　高级者
飞行距离　方向性　稳定性
持续性　即效性
W效果　菜单-170

菜单
172

跳绳

目标 跳绳也对强化下半身和提高其柔软性很有效果。有节奏地连续跳起，稳定中心的平衡。

即使中途累了，也要维持脸朝前的姿势。

做　法

①准备一根跳绳。

②途中失败也不要停止，持续跳3分钟。

要点建议

持续跳绳5分钟的话，双腋适当夹紧，用手腕的柔软性。消除没用的动作，保持平衡。这样两臂的前臂就会变累，但这样的刺激会强化握力。如果可能的话，尽量多多连续练习双摇跳。因为是脚尖的练习，所以也能够对小腿进行强化。

拉伸与体能训练

初学者	中级者	高级者
飞行距离	方向性	稳定性
持续性	即效性	

W效果	无

菜单 173 单手持杆，做90度活动

目标 ▷▷ 单手垂直拿好球杆，以手腕为支点，90度活动球杆。比菜单164效力更强。

短持球杆，伸直手臂立起球杆。

膝盖不要弯曲，使球杆面向正前方，倒至水平的位置。

做 法

①单手持杆，垂直立好。

②将球杆慢慢地向前倒。

③每只手10次，做3组。

拉伸与体能训练

初学者	中级者	高级者
飞行距离	方向性	稳定性
持续性	即效性	

W效果	菜单-169

菜单 174 单脚蹲下

目标 ▷▷ 一只一只膝盖屈伸蹲下的运动。调整左右脚的平衡，促进流畅的步法。

用球杆代替手杖拿好，支撑身体的平衡。

视线仍保持远眺，上身挺直，一只膝盖弯曲。

做 法

①上身直立，一只脚抬起。

②另外一只脚的膝盖慢慢弯曲。

③慢慢还原回①的姿势。

④每只脚各练习10次，做3组。

要点建议

菜单173中用左手拿球杆，将其倒至水平位置时，应该会有握柄末端卡住左手心小手指一侧的感觉。这个感觉是暗示左手小手指一侧的三根手指要牢牢地握住杆。如果握柄末端在手心的中间，手就会承受不住球杆的重量，就很难在水平位置停住。挥杆也可以说是同样道理。

右側ナビ：综合（基础）／练习场／日常生活／办公室／身体姿势／木杆／FW／铁杆／近距离击球／沙坑／击球／游戏

短评栏④

将周围的人看成自己的同伴，才是单人高尔夫选手比赛时应该具备的品格

在高尔夫选手中，单人选手只有百分之一。其中，可以称得上榜样的更少。

我在很多高尔夫选手打巡回赛时注意到，他们过分注重得分，一旦得分不好，就会埋怨同伴或球童，这样的人永远也别想提高自己的技艺。

反过来说，让周围的人都变成自己同伴，这比好成绩更重要。打出好分数之前，比赛规则手册最前面写着规矩和礼节，这些是更需要提高的。

比如说先击球的人，球座掉落在自己附近的话，帮对方拾起并还回，或是发球区上拾起某个弯曲的球座丢进垃圾箱内的行为被看成是绅士，这会让你心情非常不错。在等待对手比赛的间隙，如果有时间，能修补果岭上除自己球标以外的地方，清除沙子障碍，填平球杆打在地上的痕迹等，也会被周围的选手尊敬，这些与高尔夫球选手的水平无关，变成从容的高尔夫选手，可以更冷静沉稳地进行比赛。

最近，"想提高技能"，"想打出好成绩"的期望过于强烈，而忘记了高尔夫球本来的礼仪规矩，比赛迟到等现象时常出现，球员们在高尔夫球场上经常抱怨。作为一名高尔夫球员，礼仪比球技更需要注重。

空抢

击球过于用力的人做空抢的练习，也可以轻松挥杆。
本章中的练习能够让你迅速提高水平。

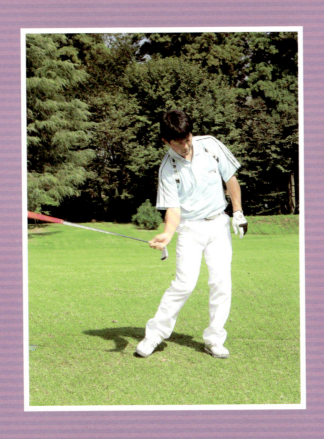

综合（基础）

练习场

日常生活

办公室

身体姿势

木杆

F W

铁杆

近距离击球

沙坑

击球

游戏

空抢

反方向击球

初学者	中级者	高级者
飞行距离	方向性	稳定性
持续性	即效性	

W效果　　菜单-177

目标　与原来动作的反方向挥杆，身体的平衡变得更好。强化右脚踩地的力量，也有增加上杆力量的效果。

充分扭转右肩，向顶点上杆。

右脚站住，下杆。

做 法

①两手左击握杆。

②左脚用力站住，上杆，以右脚为轴拉开。

③反复30回。

伸展左臂球杆加速，大幅度送杆。

收杆时重心完全落在右脚。

要点建议　高尔夫的挥杆是一个朝向的活动，所以偶尔向相反一侧的空抢是很重要的。向左空抢时，收杆的右脚站住，能使通常挥杆顶点的姿势稳定，对于成绩也有好的影响。即使在正规的比赛开始之前也可多多进行左空抢练习，使身体充分舒展，使好球率上升。

空抢

菜单
176

20秒钟慢动作空抢

初学者	中级者	高级者
飞行距离	方向性	稳定性
持续性	即效性	

| W效果 | 菜单–186 |

目标 ▷ 尽量慢慢地等速挥动，在挥杆的各阶段下，感受身体张力的练习。了解身体的活动，彻底防止手击球。

上杆延时，球杆从视线消失时，注意不要加速。

下杆的启动也要慢慢的。左脚使劲站住，有意识地增加左大腿的张力，慢慢下落。

做　法

①摆出击球准备的姿势。

②从上杆到收杆用20秒钟慢动作空抢。

③反复5次。

要点
建议

慢动作空抢能够明确挥杆全体的动作。在途中力量不要缓，从最初到最后感觉身体的紧张感，像慢动作那样活动。习惯后，也挑战一下30秒钟的空抢。

NG

不要改变挥杆的速度

大半的高尔夫球员在上杆的途中一看不到球杆，就加速。因为肌肉松弛，错误的动作就会被记忆，所以一定要保证等速。

综合（基础）

练习场

日常生活

办公室

身体姿势

木杆

FW

铁杆

近距离击球

沙坑

击球

游戏

综合（基础）

练习场

日常生活

办公室

身体姿势

木杆

F W

铁杆

近距离击球

沙坑

击球

游戏

空抢

连续的空抢

初学者	中级者	高级者
飞行距离	方向性	稳定性
持续性	即效性	

W效果	菜单-182

目标 使双腿稳定，培养以下半身力量挥动球杆的感觉。因为往返于顶点与收杆，所以要稳定挥杆轨迹。

最初，从准备击球到顶点抬起。

使球杆加速，进入收杆挥杆。

做 法

①以通常的动作挥杆直到收杆。

②从这个位置抬至顶点而后收杆。

③反复30次。

右脚使劲站住，下挥杆。

利用球杆的重量，向顶点抬起。

要点建议
连续的空抢中，从顶点到下杆的左脚使劲站住，从收杆还原时的右脚使劲站住等的动作变得左右完全对称。顶点与收杆的姿势也可以稳定，所以球杆画出了一定的轨迹。瞄准前也做这样的空抢的话，可以看到击球区域的轨迹，防止失误。

初学者	中级者	高级者
飞行距离	方向性	稳定性
持续性	即效性	

菜单 178 送杆空抢

W效果　菜单－184

目标 ▷ 挥杆的开端流畅的空抢。在不知道顶点的位置时，这项练习作为挥杆检查法可以立竿见影。

重心落在左脚，摆出送杆的姿势。

还原，保持到达顶点的上扬，收杆。

做　法

①选把杆放到送杆的位置。

②从这个位置到顶点上杆，然后继续做挥杆直到收杆。

③反复30次。

要点建议 击球准备时，如果完全停止身体的活动，挥杆的节奏就会混乱。专业选手们即使看来像停住一样，其实也会保持向前一小步的"动"的姿态。右膝盖向左膝盖送、再返回的动作作为后摆杆的启动信号也是个好方法。

NG 不要用手指将球杆向前打出

从准备击球到球杆送杆时，停住上半身，手指不要伸出。右膝盖向左膝盖一侧送，右膝盖一边还原一边向后摆杆方向弯曲。

综合（基础）

练习场

日常生活

办公室

身体姿势

木杆

F W

铁杆

近距离击球

沙坑

击球

游戏

	初学者	中级者	高级者
	飞行距离	方向性	稳定性
	持续性	即效性	

菜单 179

左手空抢

W效果	菜单-180

目标 用左手持杆，到收杆时都不要停止挥杆，可以提高空抢的速度。掌握大送杆时甩开的技巧。

自然伸展左臂，准备击球。

在左臂与球杆一体的感觉下抬杆。

做 法

① 左手持杆，准备击球。

② 在大的挥杆弧线后进入收杆。

③ 反复30次。

送杆时左腋不要打开太过。

重心落在左脚收杆。

 要点建议 不改变左臂的角度空抢是重要的要领。瞬间击球之后，球杆不要随意送出，要与身体的转动同调，向高球线的内侧挥动。左腋适当夹紧，球杆就能够落在正确的轨迹上。

 送杆时左臂不要过度伸展

 大幅度挥动球杆，送杆时左腋就会大开，所以左臂不能伸展得太过。加上右手没能送到左侧，也不能说是正确的动作。

右手空抡

初学者	中级者	高级者
飞行距离	方向性	稳定性
持续性	即效性	

W效果	菜单-179

目标 右手持杆，切断风声的空抡练习。挥杆不要迟缓，目的是感受瞬间击球的加速感。

用右手拿住杆头一侧，上杆。

手腕放松，弯曲下杆。

瞬间击球后一口气加速，打出切断风的声音。

身体在卷起成弧线的感觉下收杆。

做 法

①右手拿杆头准备击球。

②用球杆的长柄挥出声音，锐角挥出。

③反复30次。

要点建议 会有切断风的声音。下杆时过早打开的话，击球前声音就出来了。这说明杆头速度没上去。下杆时右膝盖靠近身旁，送杆时球杆一口气加速。虽然球杆很轻，但是，要让身体充分地转动。

综合（基础）

练习场

日常生活

办公室

身体姿势

木杆

F W

铁杆

近距离击球

沙坑

击球

游戏

菜单 181 水平空抢

初学者　中级者　高级者　飞行距离　方向性　稳定性　持续性　即效性　W效果　菜单−183

 目标 水平空抢球杆的练习。在能感受到球杆最重的高度挥杆，可以感觉到球杆被挥起的感觉。

收紧两腋，摆出能够感受到球杆重量的姿势。

做　法

①抬起上身，球杆在胸前的高度准备好。

②球杆水平上杆。

③从顶点开始也是水平挥杆而后收杆。

肩膀水平转动，球杆与地面平行上杆。

上身仍然保持挺直，球杆与地面平行挥出。

 要点建议 一边感受球杆的重量，一边在水平的位置空抢，腕部的动作很容易。上杆时左手背朝上，瞬间击球后两手翻转，右手背朝上。空抢练习对抓球差、容易打出曲线球的人很有效。一边水平空抢，上身一边一点一点地前倾，可以抓住正确挥杆的感觉。

菜单 182 用两支球杆空抢

目标 这个练习与用棒球球棒空抢有相同的效果。大幅度挥杆，身体可以充分放松，所以开始前作为热身也有很好的效果。

将两根球杆的握柄重叠在手中握好。

两手尽量以接近平常握杆的形态握好。

做 法

①将两根中铁杆重叠在一起拿好。

②准备击球，利用全身挥杆。

③反复30次。

不要依赖手指的活动，利用全身抬起球杆。

即使是送杆，下半身也要牢牢地站住。

要点建议 与空抢棒球球棒不同的是两根球杆竖着重叠握好，挥杆中很容易感觉到杆面。因为握柄变成长方形的面，所以这个面如果朝上的话，杆面会打开，下杆后就会被盖住。不要草草挥杆，让两个球杆互相乱撞，利用身体的转动，一边有意识地保持球杆面，一边大幅度慢慢地空抢。

综合（基础）

练习场

日常生活

办公室

身体姿势

木杆

F W

铁杆

近距离击球

沙坑

击球

游戏

综合（基础）

练习场

日常生活

办公室

身体姿势

木杆

FW

铁杆

近距离击球

沙坑

击球

游戏

空抢

菜单
183

两腋夹住手巾空抢

初学者	中级者	高级者
飞行距离	方向性	稳定性
持续性	即效性	

| W效果 | 菜单—181 |

目标 球杆要保持在身体的正面挥杆，消除手击球的空抢。根据两腋夹紧的感觉，可以掌握身体与手臂同步的感觉。

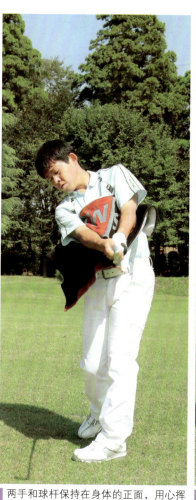

两手和球杆保持在身体的正面，用心挥杆。

到左肩的高度时充分挥杆，使手巾跳动。

做 法

① 两腋夹住手巾，准备击球。

② 将球杆抬至右肩左右的高度，挥杆至左肩左右的高度。

③ 反复30次。

 要点建议 两臂夹住手巾挥杆练习的效果不可估量。练习挥杆的阶段，可以掌握身体的正确转动和身体与手臂同调的身体感觉，检查杆面保持垂直的活动，还能学习使用身体肌肉挥杆等，能广泛地满足高尔夫球员的各种目的。有挥杆烦恼的人一定要进行一下空抢。

综合（基础）

练习场

日常生活

办公室

身体姿势

木杆

F W

铁杆

近距离击球

沙坑

击球

游戏

空抢

初学者　中级者　高级者

飞行距离　方向性　稳定性

持续性　即效性

| W效果 | 菜单–178 |

菜单 184　不上杆的空抢

目标　不上杆，从准备击球到送杆挥杆。摆出瞬间击球的姿势，使球杆加速，记住以下半身为主导挥杆。

摆出准备击球的姿势。使用6号左右的铁杆好一些。

腰向左扭，身体不要扭转拖拉杆头。

一口气释放力量，杆头加速。

这个姿势身体完全回转，引导收杆。

做　法

① 准备击球，杆头存蓄力量后送杆。

② 加上速度直到收杆甩开。

③ 反复20次。

要点建议　与不上杆而使球向目标方向飞出的菜单54相同。用杆头使草坪稍稍挪动，使力量充分地向目标方向径直放出。一找到这种感觉，就可以用下半身主导下杆，可以期待飞行距离大幅度的提升。

NG　没有步法，球不会飞出

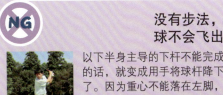

以下半身主导的下杆不能完成的话，就变成用手将球杆降下了。因为重心不能落在左脚，没有使用步法，身体也不会转动，也很难提高杆头的速度。

219

综合（基础）

练习场

日常生活

办公室

身体姿势

木杆

F W

铁杆

近距离击球

沙坑

击球

游戏

空抢

初学者　中级者　高级者

飞行距离　方向性　稳定性

持续性　即效性

W效果　菜单-177

菜单 185

收杆时静止3秒钟的空抢

目标 以自己最快速度空抢。即使充分挥杆，收杆时也要静止，重视平衡感。如果以提高飞行距离为目标的话，请使用1号木杆。

瞬间击球后使杆头速度达到最大。

即使全力挥杆，也不要破坏收杆时的平衡。

做 法

① 手持中铁杆，全力空抢。

② 保持甩开的姿势，静止3秒钟。

③ 反复20次。

要点建议 想让球飞出时，当然还是以有力量感的挥杆为要领。但是过于用力就会失去平衡，命中率就会明显下降。在此，即使全力挥杆也要使收杆停住，以了解适合自己的高速挥杆。在实战中，即使是比赛开球，身体也要记住在这以下的力量感下挥杆。

综合（基础）

练习场

日常生活

办公室

身体姿势

木杆

F W

铁杆

近距离击球

沙坑

击球

游戏

空抡

初学者 　中级者 　高级者

飞行距离 　方向性 　稳定性

持续性 　即效性

W效果 　菜单-187

菜单 186 平行挥杆的空抡

目标 两根球杆平行挥动，有意识地保持左右两边力量平衡的挥杆练习。挥杆高度很高，但是，如果这个可以做到的话，就不会出现曲球了。

两根球杆间隔10～15厘米准备击球。

仍然保持球杆的间隔上杆。

做 法

①两根中铁杆的杆头一只手拿一支。

②摆出准备击球的姿势，保持两根球杆的平行，慢慢地挥动。

③反复10次。

从下杆到送杆也不要改变间隔。

慢速度挥杆直到收杆。

 要点建议 挥杆途中，球杆如果交叉或打开很大的间隔，就是左右手的动作不协调的明证。从下杆的右腰高度到送杆时的左腰高度，保持2根球杆平行非常重要。

综合（基础）

练习场

日常生活

办公室

身体姿势

木杆

FW

铁杆

近距离击球

沙坑

击球

游戏

空抢

菜单 **187**

不同部分的挥杆空抢

目标 顶点→中途→击球等，一边检查不同部分的挥杆，一边空抢练习。

用双手感受球杆的重量。

依靠球杆的重量下杆，在水平位置停止。

球杆再下降些，摆出击球的姿势。

做　法

①准备击球，挥至顶点。

②在挥杆中途停住球杆。

③再下降些，在击球的位置停止。

④从①到②反复10次。

要点建议

详细分析自己的挥杆缺点，然后纠正的练习。假设中途半上杆是A，顶点是B，中途半下杆是C，瞬间击球是D，送杆是E，收杆是F的话，A和B，C和D，D和E多次反复空抢，或者以D→E→F的顺序挥也可以。小的动作下挥杆，对于平均握柄的压力也有一定效果。

在游戏的感觉下愉快地练习

在练习场里，要以游戏的愉快心情来击球。在这样的心情下才
能进入状态，提高成绩。

综合（基础）

练习场

日常生活

办公室

身体姿势

木杆

FW

铁杆

近距离击球

沙坑

击球

游戏

在游戏的感觉下愉快地练习

初学者	中级者	高级者
飞行距离	方向性	稳定性
持续性	即效性

菜单 **188**

球位置的比较练习

W效果 | 菜单-189

 目标　使用6或7号铁杆，改变球的位置击球的比较练习。感受自己挥杆或打算的击球轨道，抓住球的位置。

像这样将球放在5个不同的位置试着击球。

做　法

①两脚站位与肩同宽，将球放在左后脚跟的前面击球。

②将球打到右腿附近。

③将球放在右脚后跟的位置击球。

④每个位置上各击打5个球。

最左边的球放在左脚后跟内侧的前面。我们就知道球很容易抬起。

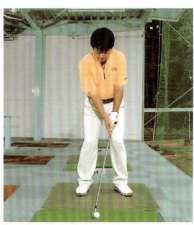

最右边的球放在右脚后跟内侧的前面。这个场合球会低飞出去。

 要点建议　击球很难稳定的人，可能是因为球的位置一直不固定。这里，比较在5个位置的击球，一边确认球击出的角度，一边好好挥杆找出球的位置。而且，平常练习时也将球放置在这个位置。不是改变一个球一个球的位置，而是半个球半个球的位置，比较击球是很好的方法。

初学者 | 中级者 | 高级者
飞行距离 | 方向性 | 稳定性
持续性 | 即效性

综合（基础）
练习场
日常生活
办公室
身体姿势
木杆
F W
铁杆
近距离击球
沙坑
击球
游戏

菜单 189 站位幅度的发现练习

 目标

找到用1号球杆感觉不错的站位幅度的练习。从窄距离的站位开始击球。一直到跨开的极限为止，找到一个合适的跨开幅度。

W效果 | 菜单-188

两脚准备好的姿势下，挥杆轴在球的前面。

固定球的位置，定住左脚，右脚一脚一脚地跨开。轴的位置也随着左移。

做 法

① 以两脚准备好的姿势站好后击球。

② 每跨开一个脚的距离击球一次。

③ 最大跨开7个脚的距离时停止。

④ 每个站位幅度击5球。

要点建议

狭窄的站姿，下半身的稳定感会欠缺些，但是，有身体容易转动的优点，宽站姿时下半身稳定，另一面是身体变得不容易转动。稳定下半身，能使身体流畅回转的适当的站姿，根据高尔夫球员的体型和柔软性而不同。随右脚跨开程度的球杆入射角逐渐变成钝角，找到适合自己的幅度。

综合（基础）

练习场

日常生活

办公室

身体姿势

木杆

F W

铁杆

近距离击球

沙坑

击球

游戏

在游戏的感觉下愉快地练习

菜单 **190**

试着看球的飞行轨迹可以弯曲到什么程度

初学者　中级者　高级者

飞行距离　方向性　稳定性

持续性　即效性

W效果　　菜单−191

目标 试试自己可以打出多大弧度的曲球。另外，比较左右弯曲的幅度，清楚自己适应的打法。

想让球向左弯曲时，杆面朝向最终的目标，身体充分地朝向右面准备好。

从内向外上杆，击球时杆面封闭，所以会发生左曲球。

想让球向右弯曲时，杆面朝向最终目标，身体大大地朝向左面准备好。

从外向内挥杆，击球时杆面打开，所以球变成右曲球。

做　法

① 以封闭式站姿准备好，试着打出大的左曲球。

② 以开放式站姿准备好，试着打出大的右曲球。

③ ①和②各练习20次。

要点建议

在有意图的曲球练习下，能够学习到曲球的手法，相反，想尽量控制曲球的击球者也能够自然掌握正确打法。另外，没有不协调的感觉，抓住击出的球的方向的话，球也变得很容易控制。想以果岭为目标，但前方有大树，想让球弯曲时，球洞的位置在左侧，在想打出左曲球的场面等，可以活用这个方法。

菜单 191 左弧球与右弧球的交替击球

目标 使用1号木杆，分开左弧球与右弧球的击球练习。一个球一个球地交替击球，确认球的弯曲，了解自己瞬间击球的区域。

左弧球

左弧球时杆面与目标垂直，以全身封闭式站姿准备好。

右弧球

右弧球的场合也是仅杆面垂直，肩和站姿的朝向为开放式。

做　法

①封闭式站姿准备好，打左弧球。

②开放式站姿准备好，打右弧球。

③①和②交替，各练习20球。

要点建议

在这个练习中，比起球到底弯曲到什么程度，稳定右弧球与左弧球的弯曲幅度是放在首位的。两个球连续交替击球的话，跟着就可以看到瞬间击球的区域，对应自己的感觉和感性，可以明确地抓住适合自己的方向。

开赛之前 让你少打五杆的复习要点

想避开OB时面向OB侧准备好

右侧的OB时，大部分人准备时会偏向身体左侧，但这样左曲球就变得很多余，出现反效果。身体朝向OB方向的话不容易出现左曲球，还容易打出右曲球。从平时的2个球的方面进行击球练习的话，对应情况可以控制球的方向。

综合（基础）

练习场

日常生活

办公室

身体姿势

木杆

F W

铁杆

近距离击球

沙坑

击球

游戏

综合（基础）

练习场

日常生活

办公室

身体姿势

木杆

FW

铁杆

近距离击球

沙坑

击球

游戏

在游戏的感觉下愉快地练习

菜单
192

分别打出高球和低球

初学者	中级者	高级者
飞行距离	方向性	稳定性
持续性	即效性	

W效果　　菜单-194

目标 ▶ 留意球的击出角，控制高低球的练习。能够发现准备击球的应用要素，对提高能力很有用。

高球

击高球时，球稍稍靠左放，右肩降低准备好。

┌ **做　法** ┐

①摆出要打出高球的姿势，击球。

②摆出要打出低球的姿势，击球。

③①和②各练习20球。

低球

击低球的场合，球稍稍靠右放，肩水平准备好。

**要点
建议**

分开击高球和低球最重要的要领是视线对准想要击出的高度。高球的视线高，低球的视线在接近水平的角度，准备时肩的角度就会合适。

开赛之前
**让你少打五杆
的复习要点**

从上往下击球时的视线要保持水平

开球时打低球的话，要注意视线不能太低。因为上身向左倾斜，重心落在左脚，容易出现右曲球和钩球、滑雪球的错误。击低球时，视线放在接近水平的角度准备好，可以打出好球。

菜单
193

为每一个击球打分

初学者　中级者　高级者
飞行距离　方向性　稳定性
持续性　即效性

W效果　菜单-196

综合（基础）
练习场
日常生活
办公室
身体姿势
木杆
F W
铁杆
近距离击球
沙坑
击球
游戏

目标　击球练习时，给每一次的击球结果打分。然后整理得出数据，针对自己的错误和一段时间以来的状态等做出正确的改进。

95分　60分
0分
20分
10分

做　法

①限定练习场的空间，想象正在比赛。

②击球的结果一个球一个球地打分。

③尽量多多练习。

方向和飞行距离不错的话就打95分，认为大曲球完全打进OB的球为0分等，为自己的比赛打分。

 要点建议　设想好球道，没有距离损失打入球道的话，设为80分，障碍区域设为60分，树林中设为20分，低滚球设为10分。计算出平时练习击球的平均分数，找出错误的倾向，就可以清楚地找到需要练习的项目。

 开赛之前
让你少打五杆的复习要点

不需要全是100分的击球

在一轮中可能打出100分满分的球，也经常会出现0分的击球。但是高水平的选手不会想打出的那些完美击球，他们关心的是每一打都不低于60分。如果你能接受不完美击球，压力和失误都会减少。

菜单 194

设想100码（90米）的地方有一个大圆，以此为目标击球

W效果　　菜单－192

目标 在100码外的地方以20码（18米）为直径画一个圆做目标，试试打10球看看有几个球可以进入圆中。这是游戏性很高的练习。

做　法

① 在击球位置100码以外的地方为中心假想一个半径为10码（9米）的圆。

② 决定好击球数，以这个圆为目标击球。

③ 10球为一组，练习3组。

假想一个直径为20码的果岭，在球道上像游戏那样一个球一个球地认真摆出准备击球的姿势后击球。

要点建议 作为摆出准备击球的姿势或检查挥杆的目的练习，连续击球也没关系，但是测试下自己的实力，要测试一下能够打进100码的圆里的概率有多少。这种场合，不考虑飞行方向，以飞行距离进行判断。制造100码的距离感是在其他球杆的距离感稳定的基础上绝对不可缺少的练习。

综合（基础）

练习场

日常生活

办公室

身体姿势

木杆

FW

铁杆

近距离击球

沙坑

击球

游戏

初学者	中级者	高级者
飞行距离	方向性	稳定性
持续性	即效性	

综合（基础）

练习场

日常生活

办公室

身体姿势

木杆

F W

铁杆

近距离击球

沙坑

击球

游戏

菜单 195

使用得分卡，在比赛的感觉下进行练习

W效果　菜单-071、194

目标 将比赛后的得分卡带到练习场，提高比赛趣味的练习。一边给自己的击球打分，一边加上成绩的话，可以倍增练习的乐趣。

除得分卡外，再准备一张球道路的设计图，能够在更加实战的感觉下进行练习。

观察1号木杆的击球结果，决定第2打的球杆。

做　法

① 准备一张得分卡。

② 对应球的距离，选择要使用的球杆，击球。

③ 练习9球。

要点建议

比如说400码（360米）的中球穴。用1号木杆容易击中的话，第2打用7号铁杆，出现左曲球的话下一打用5号木杆等。根据击球的结果更换球杆。近距离切球，如果能够判断球进入果岭，作为第2部分，向下一个球穴移动。

**开赛之前
让你少打五杆
的复习要点**

球道的特征要事前确认

等待下一轮时，事前调查比赛球道的特征和球洞的设计，进行模拟练习。考虑比赛的结构，用哪个球杆活动等，弄清必要的球杆，决定在杆套里的14根球杆，可以进行内容充实而深刻的练习。

在游戏的感觉下愉快地练习

菜单 196

用铁杆在通常的前后 10码（9米）分别击球

目标 用6号铁杆平均击球在150码（135米）的人，可以用高挥杆练习打140码（126米）和160码（144米）。把握挥杆的强弱。

140码

140码时身体的回转量稍稍下降，右手从上覆盖的握杆法的力度变弱。

正常

通常的击球，在适当的右手从上覆盖的握杆法的姿势下瞬间击球。

160码

160码时身体的回转量增加，右手从上覆盖的握杆法的力度最强。

做 法

① 通常的高挥杆击球。

② 在力感降低的高挥杆下打140码的球。

③ 在力感升高的高挥杆下打160码的球。

④① ~ ③各练习10球。

要点建议 球洞的位置在果岭的中央，距离150码的状况下，适合用6号铁杆的人，在球穴的位置前后击球有点迷惑。用7号铁杆无法达到，用5号铁杆又超出，要用同支球杆调整力感的击球方法。

不要靠调整瞬间击球的强弱来加减距离

控制距离，不能靠瞬间击球时的强弱，一会用力，一会放松，会打乱节奏，改变杆面的朝向，发生失误。即使是相同的高挥杆，调整身体的回转量，变化瞬间击球的转动轴跟着杆面倾角发生改变距离也会改变。

菜单
197

1个距离用3支球杆
分别击球

W效果　菜单-200

目标 用7号铁杆平均击球在140码的人，用6号铁杆和8号铁杆也做140码的击球练习。学习根据握柄的长短变化控制飞行距离。

大号球杆

用大号球杆时，短握球杆，紧密地收杆。

铁杆

通常的铁杆击球，握柄尾部余出2根手指的距离握住。

小号球杆

用小号球杆，握柄尾部余出1根手指，大大地收杆。

做　法

①用7号铁杆确认通常的击球。

②用最大的7号铁杆击出同样的距离。

③用一支小的8号铁杆击出同样的距离。

④①～③各练习10球。

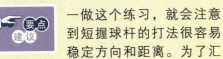

要点建议 一做这个练习，就会注意到短握球杆的打法很容易稳定方向和距离。为了汇总杆数，稍稍选用大的球杆，短持球杆挥杆的话，可以减轻失误。用6号球杆好像稍稍有些不妥，但是，用7号球杆距离不够时，可以短持6号铁杆控制距离。

综合（基础）

练习场

日常生活

办公室

身体姿势

木杆

F W

铁杆

近距离击球

沙坑

击球

游戏

综合（基础）

练习场

日常生活

办公室

身体姿势

木杆

FW

铁杆

近距离击球

沙坑

击球

游戏

在游戏的感觉下愉快地练习

菜单 198 用1支球杆分别打出 3个距离

目标 改变挥杆幅度的大小，分别打出3个距离的练习。使用的球杆选用在实践中对杆数有影响的8号铁杆比较好。

稍稍控制挥动幅度和身体的回转，打70码（63米）。

在高挥杆的幅度三分之一的感觉下打100码。

高挥杆打通常的距离。

做　法

① 用8号铁杆低挥杆下打10码（9米）。

② 斜上方击球打100码（90米）。

③ 高挥杆下打130码（117米）。

④ ① ～ ③各练习10球。

要点建议 用一支球杆分别打出3个距离的练习对于初学者来说也是很必要的练习。比如说球被打进林子时，从林中打低球想要脱出时，低挥杆很起作用。在削到的草坪和草坪地带的沙坑等状况下，斜上方击球可以对应。无论哪一个都是低滚动的感觉下挥杆的技巧。

菜单 199

将擅长的球杆的击打
距离加长5码（4.5米）

目标　选择铁杆中最擅长的球杆，在通常的距离上加5码距离的练习。以提高挥杆的体力为目标。

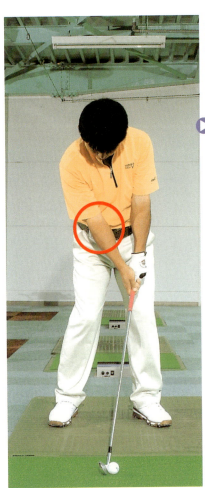

从通常的准备击球开始，右肘稍稍向内侧弯。

在顶点上身充分扭转，收杆时，到从正面可以看到背部完全扭转。

做　法

①选用比较擅长的球杆等。

②通常打140码（126米）的话，这次打145码（130.5米）。

③至少练习20次。

要点建议　这个练习能提高肌肉力量，拓宽自己击球的距离。上杆时重心落在右脚，下杆后大部分重心移至左脚，延长飞行距离。准备击球时右肘稍稍向内侧弯的话，左肩的转动就会很充分，送杆后左腿用力稳住也是练习的重点。

综合（基础）

练习场

日常生活

办公室

身体姿势

木杆

F W

铁杆

近距离击球

沙坑

击球

游戏

235

综合（基础）

练习场

日常生活

办公室

身体姿势

木杆

F W

铁杆

近距离击球

沙坑

击球

游戏

在游戏的感觉下愉快地练习

以旗杆中间的空间
为目标击球

初学者	中级者	高级者
飞行距离	方向性	稳定性
持续性	即效性	

W效果	无

目标 稳定1号木杆的击球，提高球道球的控制率是目的。确定击球目标，可以充分练习。

在练习场的空间内，设想一个宽度为30码（27米）的球道。

明确球与目标交叉的飞行路径，击球。

做 法

①决定练习场上旗杆间的宽度。

②决定好目标，一个球一个球地集中练习。

③在球道上使用1号木杆练习14球。

要点建议

用1号木杆击球，飞行距离远不能满足。想打出好成绩，方向的稳定性是第一位的。必须实行容易命中的挥杆。在左右30码的幅度内将球击过。

不要设定一个大概的目标

用1号木杆击球，不能有"能够进入球道就OK"这样的想法。但是，"大约在那个范围"这样设定目标的话，容易出现目标模糊的失误，所以必须要注意。设定成在靠近"球道的那个地方"的话，容易向目标集中，提高球道的命中率。

综合（基础）
练习场
日常生活
办公室
身体姿势
木杆
F W
铁杆
近距离击球
沙坑
击球
游戏

在游戏的感觉下愉快地练习

菜单 **201**

使用推杆毯练习10次连续进洞

初学者	中级者	高级者
飞行距离	方向性	稳定性
持续性	即效性

W效果　菜单–202

 目标　提高短击球成功率的练习。入洞九球后，培养好好决定最后一球的精神力量。途中失败的话，从最初开始重新练习。

滚动距离设置在2米以内。入洞概率低的话，从1米左右开始练习。

┌─ **做　法** ─┐

①准备一个推杆毯。

②练习10次连续进洞。

③10次做3组，最大到10组。

在游戏的感觉下愉快地练习

菜单 **202**

使推杆毯的球穴入口变窄的滚动球

初学者	中级者	高级者
飞行距离	方向性	稳定性
持续性	即效性

W效果　菜单–201

 目标　在球穴的跟前做一个门，提高难度的练习。推荐中上级者练习短击球。

平常就开始进行了使门变窄练习击球的话，会更习惯短击球的紧张感。

┌─ **做　法** ─┐

①在推杆毯的入口处放置两个球。

②以球穴为目标击球。

③至少反复练习20次。

 要点建议　无论哪条线都能进洞的距离是多远呢？大半的业余爱好者都会镇静地说是"1米左右"。但是，团体的专业球员会说是"30cm厘米左右"。因为以他们的经验，知道短击球的难度。没有压力的练习对回合比赛是没有用的。一边享受着紧张感一边练习是提高的秘诀。即使是在比杆赛中也是不可缺少的。

高尔夫是组合运用球袋里的14根球杆获得分数的运动。因此，从1号木杆到推杆，锻炼击球技能的练习是不可缺少的。

另外，缺乏身体的柔软性，也不能像自己想象得那样实行挥杆，所以短跑等锻炼也不能松懈。在时间允许范围内，空抡或者徒手挥杆等，希望大家也能坚持实行。

即使这样说，我介绍的练习菜单也没有全练习的必要。只需挑选补救自己缺点的练习，还有可发挥自己的长处的练习等，充分明确目的，选择适合的练习菜单。

尽可能每打一次球加上一次空抡，空抡100次+击球100次的练习，效果会倍增。参考这个，试着规划一个适合自己的练习菜单。而且，加入自己设计练习题目的话，1个月

①近距离切球（10，30，50码（9，27，45米）或者20，40，60码（18，36，54米）），3球×3次

②1号木杆（加减50%程度的力量，直线球道效果），6球

③6号铁杆（握在握柄的中间击球），10球

④9号铁杆（用力甩开短球杆），10球

⑤5号木杆（架球器和垫子上交替击球），10球

⑥7号铁杆（使挥杆稳定），10球

⑦1号木杆（普通的力度送杆），10球

⑧7号铁杆（使挥杆稳定），10球

⑨150码（135米）（设想球道比赛击球），10球

⑩100码（90米）（设想球道比赛击球），10球

⑪近距离切球（50，40，30，20，10码一点点减短），5球

后，2个月后，半年后，1年后，应该可以感受到稳健的提高。

重要的是，怀着愉快的心情练习。能够感受到提高的话，练习的热情也就更高了。不要总是痛苦地练习。

我的梦想是日本高尔夫选手的平均分数世界第一。每一名高尔夫选手都秉承"想提高"的想法认真地配合，做实践效果高的练习的话，相信提高也绝不是不可能的。

高尔夫选手们，愉快地提高自己吧。

小野寺　诚